Library

の本屋さん

平凡社ライブラリー

Heibonsha Library

江戸の本屋さん

近世文化史の側面

今田洋三

平凡社

本著作は、一九七七年十月、日本放送出版協会より刊行されたものです。

はじめに

出版業は、日本では江戸時代のはじめに成立した、生産・流通過程における全く新しい部門である。それまでは、印刷《プリンティング》という文化の現象はあっても、営利事業ではなかったから出版《パブリッシング》とはいえないものであった。出版は、文字化、あるいは記号化された精神活動の所産を、印刷という技術と、販売という経済的活動を通して社会に送り出す、すぐれて文化的活動であり、同時に経済的活動である、といってよいであろう。

江戸時代に成立した出版業は、これまで写本として蓄積されてきた、古代以来の日本人の精神活動の所産のうち、目ぼしいものを全部、出版物に替えてしまった。「源氏物語」を自分の部屋に備えておくなどということは、ほとんどできなかった一般の人々まで、そのコピーを手に入れることができるようになった。貴族社会の古典が、日本民族の古典に性格をかえはじめてきたのである。古典の解放といってもよい。中国の古典もまた、印刷出版せられて、一般に解放された。誰でもが、その意志があれば古典に接しうることになって、文化享受のかつてない身分的・地域的拡大がすすんだのである。

十七世紀日本の、出版文化の成立と発展の中心地は、京都であった。出版業を庶民の生業として成立せしめたものは、室町・戦国以来の町衆の文化的・経済的力能であった。京都町衆が近世幕藩体制の中で、その主体的・自治的能力を奪われ、近世町人へと変化させられていく、最後の段階ではなった美事な光芒であった。これにつづいて元禄時代・田沼時代・化政時代・幕末と展開する出版業は、初期出版業のある意味での否定と、遺産の継承を通じて進展していくということになろう。

多くの書物が流通するようになったので、出版業者の間で刊行物の目録が作られるようになった。一六七〇年の目録をみると、約三千九百点の書物が登録され、一六九二年の目録では七千二百点に達した。年号でいえば、寛文から元禄にいたる二十年の間に、出版物が激増している。元禄時代の日本で刊行されていた書物は、目録にあげられていない浄瑠璃の本や、俳諧書、浮世絵本、その他の刷り物の類まで加えると、一万点にものぼるであろう。流通冊数にすれば、一千万冊にもおよぶであろう膨大な書物を、日本社会は保有するに至ったのである。そして書物はさらに増大の一途をたどる。

十七世紀初頭以来、日本の社会的コミュニケーションの特質が大きく変化したであろう。

文化展開の様相が一変したといってもよいであろう。それは、どのような変化であったのか、これまで、ほり下げて考えられたことはない。これを考えるには、出版を担《にな》った書物屋の活動の様子を明らかにしていかねばならないであろう。これを解明しなければ、出版業を初めて自らの構成要素とした、近世文化を正当に理解しえないであろう。

こうした点をふまえて、近世出版業を考えたとき、まことに多様な問題が浮かんでくる。

第一に、出版業・出版機構について具体的に調べていかねばならない。印刷技術、生産工房の経営のあり方、販売のしくみ、権力による統制のあり方や出版の手続き、業界の秩序の守られ方などを明らかにしていかねばならない。

第二に、どんな本が、誰によって刊行されたかを調べていかねばならない。本の題名を知るだけではどうしようもない。一点一点について、その内容を検討する必要もでてくる。出版物の他の商品と違うところは、一点一点個性をもっていることである。商品としての穀物や織物などとは、書物は、まるで異なるのである。

第三に、商品として生産された書物は、社会にでて文化的な働きをする。一点一点の書物の文化的機能を考えねばならないのである。しかも、書物がいかに機能するかは、読者のあり方によって違ってくる。また、各時期の社会機構の特質によっても違ってくるであろう。

第四に、出版業の展開を経済史・文化史両面からとりあげ、かつ統一的にみていくには、社会的コミュニケーションの一環として扱うのでなければならないものと思われる。しかし、社会的コミュニケーション史をいかに研究し構成していくか、これに関する方法論は現在の学界においても未熟である。したがって方法についても検討していかなければ、この問題をほりさげることはできないであろう。

第五に、以上のいかなる問題についても、西欧諸国の場合はどうであったか、中国・朝鮮はどうかと比較してみなければ、日本の出版業史、ひいては社会的コミュニケーション史の歴史的特質は姿をあらわさないであろう。日本のコミュニケーションの歴史的変化と特質を近世について明らかにしようとするのは、明治維新、あるいは近代日本のコミュニケーション史的前提をさぐる必要性もあるからである。こうしたことを考えることなくして、近代・現代コミュニケーションの日本的特質をいくら考えてみても、限界が生ずるであろう。

出版文化史を研究の対象とするとき、このように多様な問題があるが、実際には緊密な連関性をもった問題である。最も困難なのは、第五の諸外国との比較史的検討である。私にはまだまだ手におえない問題である。一つでも欠ければ、結局は完結しないことになろう。しかし、そのようにいっていては悪しき完全主義にもなってしまうであろう。本書では、蛮勇をふるって、江戸時代における出版業の成立から、近代日本のコミュニケーション史的前提の形成に至るまでの、出版業の史的展開を、文化の変化過程とからみあわせて、追跡してみたいと思う。

なお、出版に関する用語について、二、三おことわりしておきたい。江戸時代の出版業者は、本屋・書林《しょりん》・書肆《しょし》・書賈《しょか》・書物屋・書物問屋などさまざまな名称でよばれた。江戸初期には物《もの》の本屋といわれたりもした。書物屋の仲間も、書物問屋仲間、書林仲間、書物屋仲間などとよばれたので、本書でも、不統一の点もある。書物屋仲間も書物問屋仲間も同じである。また、普通に書物屋といった場合は、書物の出版・販売両方営んでいる者である。ほかに書物販売のみを営む商人もいたが、本書では、出版販売兼業の書物屋を本屋といい表わしている。

江戸では、儒学書・仏教経典・医学書・読本など堅い方の書物を出す本屋を、書物屋あるいは書物問屋といい、浄瑠璃本や草双紙・浮世絵の類を刊行する本屋を地本問屋あるいは草双紙絵草紙屋などといって区別していた。また、仲間も別べつにつくっていた。

出版ということも、開板《かいばん》・上梓《じょうし》・上木板行《じょうぼくはんこう》・発兌《はつだ》など、いろいろの言い方があったことを付記しておく。

鶴屋喜右衛門の店頭　鶴屋は江戸・通油町（現日本橋大伝馬町三丁目）に，万治年間（1660年前後）から幕末まで続いた，江戸出版界の老舗。はじめ京都鶴屋の江戸店（えどだな）であったが天明のころ自立し，化政期には江戸錦絵・絵双紙の隆盛を担った。この絵は，斎藤月岑『江戸名所図会』に載っている。

目次

はじめに……5

Ⅰ　京都町衆と出版……15
一　京都書林の十哲……17
二　活字版から整版へ……29
三　町衆と出版文化……35

Ⅱ　元禄文化と出版……45
一　ベストセラーとしての西鶴本……47
二　元禄の読者……52
三　元禄出版界の発展と限界……66
四　出版統制のはじまり……80

Ⅲ　田沼時代の出版革新……99
一　上方に対抗する江戸出版界……101
二　世界に目をむけた須原屋市兵衛……120

三　近代出版の先駆者・蔦屋重三郎……136
四　寛政改革の中の蔦重……156

Ⅳ　化政文化と出版……169
一　続発する筆禍事件と禁書……171
二　化政期出版業の明暗……181
三　貸本屋の活動……189

Ⅴ　幕末の出版……205
一　須原屋茂兵衛を追って……207
二　須原屋茂兵衛の盛運……219
三　近代コミュニケーション形成の前提……240

参考・引用文献……254
あとがき……256
解説——出版史研究の火付け役にして今なおお読まれるべき面白い「古典」　鈴木俊幸……261

I　京都町衆と出版

［前頁図］
京の本屋　住吉具慶の『都鄙図巻』の一部。具慶は17世紀後半に活躍した画家。本屋の二階は寺子屋。手習いと読書が，市民の間にしっかりと根づいた，いかにも京都らしい光景である。
（写真提供　奈良国立博物館。興福院蔵）

一　京都書林の十哲

京都書商の盛況

元禄九年（一六九六）の春、河内屋利兵衛という本屋さんが、『増益書籍目録大全』という六冊からなる本を刊行した。タテ十・七センチ、ヨコ十六センチという小形の本である。小形ではあるが全部で六百七十四頁もあるので内容は多い。この本は、当時、市場にでまわっていた本の目録なのである。めずらしいことに題名、冊数、ねだん、出版者がみな刷りこんである。一頁について十二冊ずつ（必ずというわけでなく、三冊しか書いてない所もあるし、いろいろであるが）全部でおおよそ、七千八百点にのぼる書物がのせられている。

日本で町人による出版業がはじまってまだ数十年というのに、約八千点の書物が売り出されるまでになったのである。簡単な刷り物や浄瑠璃の本などをあわせると、一万点以上の本が流通していたであろう。コミュニケーション史の上で、まさに、大発展の時代といわねばならないであろう。

元禄９年出版規模別版権所有者数

版権点数	所有者数
50点以上	29人
49～10点	約 80人
10点未満	約300人
計	約400人

その目録をみると、当時、民間でよくもこのような大規模な出版を行なったものだと思う。京都の中野小左衛門は『大般若経《だいはんにゃきょう》』六百巻を売り出している。ねだんは銀五拾枚とある。金になおすと三拾六両ほどになる。米のねだんで現在の円にすれば、二百万円以上というところ。武村市兵衛は『朱子文集大全』百冊を出している。これはねだんが書いてないので売り出しを休んでいるのだろうか。野田庄右衛門は『五経集註大全《ごきょうしゅうちゅうだいぜん》』百二十七冊、金で六両余、三十四、五万円。村上勘兵衛は『源氏物語』五十四冊を銀で四十八匁、同じく北村季吟の『源氏物語湖月抄』六十冊を銀三枚で売り出している。『源氏物語』に関するものは、『源氏物語絵入り』とか『源氏物語大略』とかいろいろあって、全部で二十四点も刊行されていた。

薬物学に関する中国の古典『本草綱目』は、野田庄右衛門方から三十六冊本が百目で、上村次郎左衛門と風月庄左衛門が共同出版で新版大本を三十八冊で百拾匁でだしている。また同じ『本草綱目』の中本を吉田四郎右衛門が四十二冊仕立てで六十目でだしている。

西鶴の有名な『好色一代男』は五匁とねだんがついている。四、五千円ほどになろう。同じく『好色五人女』は二匁八分である。庶民的文芸だとはいっても、一般庶民にはちょっと買って読むというわけにはいかないねだんであろう。

中国の内典外典はもとより、日本の『日本書紀』『万葉集』『源氏物語』『枕草子』などをはじめとする古典も、つぎつぎと印刷・刊行され、これまで、貴族・僧侶・知識人武士など上層でもさらに一部のものに独占されていた書物が、出版を通じて広く解放されてきていることがうかがえる。

また、この目録は、本ごとに出版者名が記載されているので、それをかぞえてみると、四百余名にのぼる。元禄九年のころに、書商四百余とは実際より多いと思われる。このなかには、有力書商の一族の者や番頭などが、版権の所有者としてあらわれてきているのではないかと思われる。

この四百余名のうち、およその見当では九十パーセントが京都在住の者と思われる。あとは大坂・江戸・金沢などである。前頁の表は、この目録に登場する出版者を三段階の出版規模に分けてみたものである。このうち、五十点以上をだしている二十九人は、みな京都在住者である。つまり、元禄時代の出版業は京都を中心として展開していたのであった。

当時の出版界の事情

こうした元禄時代出版界の中心勢力となっていた京都のハイクラスの書物屋は、どんな人たちであったのだろうか。貞享二年（一六八五）に刊行された京の案内書『京羽二重《きょうはぶたえ》』をみると、つぎのように京の書物屋が紹介されている。

小川一条上ル丁	歌書	林白水
二条車屋町	法華書	平楽寺
同　衣ノ棚	儒医書	風月
同　東洞院	安斎（マヽ）書	武村市兵衛
同　富小路	禅書	田原仁左衛門
寺町誓願寺下	真言書	前川権兵衛
寺町五条	同	中野小左衛門
右同町	法華書	同五郎左衛門
五条橋通高倉	一向宗	西村九郎右衛門
二条御幸町	謡本	金屋長兵衛

これらは京の主だった書物屋であろう。

　ところで、浮世草子の一つに『元禄大平記』という一風変わったものがある。作者は都の錦とあるが、通称宍戸光風なる人物である。この浮世草子には、当時の出版界の事情がいろいろと描かれており、出版史の上でたいへん貴重な資料を提供してくれている。たとえば、京都の本屋梅村弥白《うめむらやはく》の『三重韻』刊行の成功ぶりなどは、当時の出版経営の具体例を示していておもしろい。この『三重韻』は鎌倉時代末の禅僧・虎関師錬《こかんしれん》が著わした『聚分韻略《しゅうぶんいんりゃく》』という漢字の韻の書を編集し直したもので、漢詩文をつづるには、たいへん便利な参考書であった。すでに寛永年間以来、何回も刊行されてきた本である。その売れ行きに目をつけた梅村弥白は、黄楊《つげ》の木の板で整版し袖珍本《しゅうちんぼん》（袖に入れてもじゃまにならないような小形本）として売り出した。普通は桜の板で整版するのである。出版の費用は、筆耕料（原稿作製料。この原稿の文字がそのまま板に彫られるのだから文字の名手でなければだめだ）全部で三百匁、板一枚の彫りの手間代三十匁と普通の倍もかけた。費用は全部で八千匁、金に換算すると百三、四拾両にもなった。しかし、この梅村版『三重韻』は売れに売れて、その年のうちに入目《いりめ》（資金）をとりもどした。ねだんは二匁七分で売っていたから、たちまち入目をとりもどしたとなると三千部以上をまず売ったのであろう。黄楊の板は櫛にも使用されるものであるから堅く、桜材を使った板木よりも長もちしたのである。

都の錦はつづけてこのように言っている。

「続いて年々利《り》を得、今において黄楊《つげ》板（の『三重韻』）を用る事、西は対馬を限り東は（仙台の）松嶋に及ぶ。それ故諸国に梅村を黄楊村と名付け、其沙汰《さた》（評判のこと）よろしく、一をもつて万《ばん》を知れといふ事まことなるかな。この三重韻の誉れある故、梅村版とさへいへば、世間におしなべよき板ぞと思ふは、是弥白《やはく》が才の賢きによる所ぞかし。」

当時、『三重韻』は梅村以外の店からも「新板」「首書《かしらがき》」「訂補」などと銘うって、あわせて十六種類も出版されていたが、梅村の黄楊板による美しい彫りと、薄く良質の紙を使ったハンディーな小形仕立ての本は、他店のものを圧倒し、全国の漢詩文を志す人びとに好まれたのである。出版にかける梅村のアイディアと熱意とがたちまち大当りを取るという元禄時代らしい話である。

『元禄大平記』にはほかにもさまざまな本屋さんの話が書かれているが、くわしいことは後にゆずって、いま注目されるのは、この『元禄大平記』が、京都の本屋についてつぎのようなことを指摘していることである。

「京都の本屋七十二軒は中古《ちうこ》より定まりたる歴々の書林孔門《こうもん》七十二賢《けん》にかたどり、其中《そのなか》に、林《はやし》、村上《むらかみ》、野田《のだ》、山本《やまもと》、八尾《やお》、風月《ふうげつ》、秋田《あきた》、上村《うへむら》、中野《なかの》、武村《たけむら》、此《この》十軒を十哲《てつ》と名付けて、専ら世上に隠れなく、いづれもすぐれし人々なり。」

先に紹介した『京羽二重』にあらわれた本屋さんたちは、やはり、当時の京都の代表的な本屋さんであったことがわかる。『京羽二重』には平楽寺という寺院のような本屋も見えていたが、これは都の錦があげた京都書林十哲のうちの村上がそれに当たる。平楽寺とは屋号で、代々のフルネームは平楽寺村上勘兵衛なにがし、ということになる。この平楽寺書店はいまでも京都において営業をつづけていることは、すでにお気づきのことであろう。

出版業のはじまりは

これらハイクラスの京都の本屋は、中古以来の店だと都の錦はいっているが、実際には、いつごろから営業をはじめたものであろうか。

まず十哲の筆頭にあげられ、歌書を買うなら林白水と紹介された林家はどうであろうか。歌書とは、この場合、国文学古典をさすのであろう。林家は代々、幕府御用を勤める家柄である。江戸幕府の職員名簿である『武鑑《ぶかん》』をみると、〃御書物所《おんしよもつどころ》〃の欄に、

増上寺切通　　出雲寺白水
京はし一丁メ　　書林八右衛門

長谷川丁　松会三四郎
（宝永七年・須藤権兵衛版）

とあるが、このうちの筆頭の出雲寺白水が林氏である。出雲寺とは、村上氏が平楽寺であるように、屋号であろう。しかし、出雲寺とか平楽寺とかの屋号の由来はわからない。

初代林白水は名を勘左衛門時元といい、明暦三年（一六五七）に官名を名のることを許され、出雲寺和泉と名のったという。これは諸職人・芸人のうち棟梁級《クラス》のものに与えられる受領名《ずりようめい》というもので、たいへん名誉なことであった。儒学者林家《りんけ》の縁故者で、林羅山によって書籍御用方として推挙されたのだと伝えられているが、この点についての確かな証拠は見あたらない。

ところで、元禄二年（一六八九）に刊行された『江戸図鑑綱目』という江戸案内書によると、林文蔵なる者が京橋南三丁目で歌書・書キ本を商っていると紹介してある。書キ本とは写本のことである。この林文蔵は、京都出雲寺林家の出店ではないかと思われる。もっとも宝永七年（一七一〇）版『武鑑』の増上寺切通の店とはいかなる関係かよくわからない。

林羅山の子が鵞峰《がほう》で、父の跡をついで幕府につかえ、『本朝通鑑』の完成に力をつくした人であるが、その日記に「国史館日録」と題されたものがある。それにも出雲寺林氏が、しばしば登場して、鷲峰に新刊書を紹介するさまが見える。

『武鑑』といえば、八代将軍吉宗の時代から江戸日本橋通一丁目の須原屋茂兵衛家が、これを刊行して有名であるが、出雲寺林氏も、幕府御用書物屋の実力をもって、『武鑑』刊行にも進出するなど、出版界に隠然たる勢力をもつことになるのである。

江戸初期の出版業者

ついで、平楽寺村上勘兵衛家の場合はどうであろうか。村上家は、元禄九年（一六九六）現在で、三百七十一点以上という大量の出版書をかかえている本屋である。すでに寛永年間には二十数点の刊行も行なっているので、それ以前からの本屋であることがわかる。どういう出身の、そしてどんな特色をもった本屋であろうか。そのことについて、立正大学の冠《かんむり》賢一《けんいち》氏は、つぎのようなことを明らかにしている。

村上家の歴史のなかで、出版の事業をはじめたのは村上浄徳という人である。かれは寛永元年（一六二四）四月になくなっている。もと丹波の武士であったが、浄徳の代に京都にでて、はじめ鞍馬口に住んだ。鞍馬口の浄土宗西福寺の幻誉和尚の教えで、甲冑《かっちゅう》をぬぎ弓矢を捨てた。その後、鞍馬口の屋敷地を幻誉に寄進し、二条玉屋町に移った。浄徳はここで本の出版業をはじめ、元和八年（一六二二）に『医学正伝』という本（整版本）などをだしたという。当時、人々から〝物の本屋〟とよばれたということである。

村上家は浄徳――浄信――宗信――元信と家業を継ぎ拡大していく。とくに浄信は寛永十年代以後に活発な出版を行ない、寛永年間だけでも医学書、仏書など二十種以上の書物を刊行した。村上家がさらに躍進するのは、宗信が浄土宗から日蓮宗に改宗し、草山元政《そうざんげんせい》と親しく交わるようになってからである。草山元政とは、この時代の漢詩文の大家として有名な人である。近江彦根の藩主井伊直孝に仕える武士であった。元政の姉は、直孝に侍してその子を生んだが、それがのちの大老井伊直澄である。元政は、二十六歳で出家し、法華宗に帰依《きえ》して、京都の南、深草《ふかくさ》の地に草庵を結んで、崇仏・作詩の生活を送った。深草の元政ともいわれた。かれが武士をすてて出家したのは、ちまたの噂では、江戸吉原の高尾太夫とわりなき仲になったのだが、その高尾が病死したのを悲しんでのことだという。元政は、のち草庵をもとに瑞光寺という寺をひらいたが、こうした艶話の持ち主で、詩人という風雅の人であったから、石川丈山《いしかわじょうざん》、熊沢蕃山《くまざわばんざん》、明からの亡命学者陳元贇《ちんげんぴん》、北村季吟《きたむらきぎん》など一流の市民的文人が、彼のもとに来訪した。

村上宗信は、むすこの元信に家業をゆずって隠退し、元政の住む瑞光寺の林中に平楽庵という庵を営んだ。なみなみならぬ交わりというべきであろう。元政は、『草山集』『本朝法華伝』『身延道の記』『元々唱和集』など多くの著述をものしたが、いずれも村上家が刊行している。村上家は、こうしたことをきっかけとして、日蓮宗学・天台学書の刊行へと進出した。これまでほうぼうの書店が刊行していた日蓮宗・天台学関係の書物の板木の買い集めを行なった。村上家だけでは資金が足りないので、同じ京都の書林十哲に数えられている武村市兵衛、山本平左衛門、八尾甚四郎によびかけて「四軒仲間」を結成した。かくして、かれらは寛文九年（一六六九）の正月に、「法華宗門書堂」刊と銘うって、日蓮宗学書四十三点、天台学書その他六十点、計百三点という驚くべき大量の書物の刊行を行なったのである。（冠賢一氏「日蓮宗出版書における寛文期の意義」『日蓮教学の諸問題』所収）

以上、冠賢一氏が明らかにした村上家の発展のいきさつを参考にしてのべたが、江戸時代初期書店の発展過程がこのように明らかになったのは、はじめてのことである。

法曹界でも著名な奥野彦六氏が、昭和十九年にまとめた『江戸時代の古版木』という研究書によると、寛永期の二十一年間に、出版にたずさわった者、百一名をかぞえるとしている。これは本の奥付から拾った人数であるから、同一人物や、父子なども含まれているであろう。しかし、寛永期におびただしい本屋のむれが、とくに京都において活動していたことがうかがえる。奥野氏はこれらの本屋のうち、風月宗智（三、四本には風月宗知につくる）が二十四種、中野市右衛門が二十二種、村上平楽寺二十一種、中野道伴十九種、西村又左衛門十八種、田原仁左衛門十七種、杉田勘兵衛十一種、中野道也十種、中野是誰八種、安田十兵衛八種を、それぞれ出版していることをたしかめた。先に紹介した元禄時代の京都書林十哲のうち、すでに林白水、村上勘兵衛家については述べてきたが、そのほかの、中野、武村なども寛永期以来の本屋であることがわかる。

右のうち、中野市右衛門と中野道伴は同一人物で、中野道也はその弟である。中野一族は元禄九年の段階で、村上勘兵衛一族が四百数十点の版権をもっているのについで、約四百点の刊行書をもっていた。なかでも、すでにのべたように、『大般若経』六百巻という、唐の三蔵法師玄奘が翻訳しととのえた経典《きようてん》シリーズを刊行したことは、書商中野の名を高からしめるものであった。この中野家が扱った書物は真言宗書、法華宗書、そして医書であるが、この時代の京都大書商が、寺院とのむすびつきを通じて経営の基礎をかためている点は注目されよう。

二　活字版から整版へ

プリンティングからパブリッシングへ

印刷技術の歴史は、日本では、奈良時代の百万塔陀羅尼《だらに》を始めとして、世界史上でも古い歴史をもっている。平安・鎌倉・室町の各時代にも、絶えることなく書物の印刷が行なわれてきた。室町時代までの印刷は、ほとんど大寺院の工房でなされてきた。したがって仏教書が多かった。これまでの印刷文化は宗教活動に従属していたのである。

一方、堺の人道祐《どうゆう》が正平十九年（一三六四）南北朝の動乱の時代に、『論語集解』十巻を出版したり、戦国時代の大永八年（一五二八）に、同じく堺の阿佐井野宗瑞《あさいのそうずい》が、『新編名方類證医書大全』を刊行したりした。これは民間の人による印刷のめずらしい例である。阿佐井野家はまた、天文二年（一五三三）、『論語』を刊行した。さらに堺の石部了冊《いしべりようさつ》という経師屋が、天正年間に、『四体千字文』とか『節用集』を刊行したりしたことがある。石部の出版は、営利としての色彩が濃いが、発展しないでおわってしまったらしい。

また、山口の大内氏や鹿児島の島津氏の領内において、書物が刊行されたことがある。

かくして、十六世紀まで、さまざまな書物の印刷の事例があるが、ほとんどは印刷という文化的事業ではあっても、出版というにはまだ至らない状態であった。出版とは、人間の精神活動をおもなエネルギーとして生産されたものを、文字化（記号化）し、印刷という技術的行為と販売という経済行為を通じて社会に供給する生産活動といってよかろう。十六世紀までの書物の刊行は、文化的事業ではあっても経済的活動を目的として含んでいない。プリンティングではあってもパブリッシングではなかったのである。

もちろん、堺の石部了冊のように、パブリッシングをはじめていた者も見うけられるし、中国から舶来した書物や、寺院で印刷された書物を売買する業者もいたと思われるが、書物の商品化は、まだまだ、本格化していなかったであろう。

江戸時代にはいって、書物の印刷・販売が経済活動の新しい分野として、急速に姿をととのえてくるのである。新しい出版文化の成立といってよいであろう。

江戸幕府による天下の統一、政治の安定状況の進行にともなって、武士層の日常が平穏となった。貴族や僧侶などの社会的地位が、新しい位置づけをえて安定した。かれらの生活の中で読書にさかれる時間が急速に多くなったのである。

徳川家康は、『史記』にいう「馬上に居て天下を得とも、いづくんぞ馬上をもって天下を治むべけんや」という道理を重んじていたという。家康は、常に、孔孟の書や『史記』『漢書』『貞観政要』をくり返し、近侍の学者に講義をさせたといわれる。また、兵書として知られる『六韜《りくとう》』『三略《さんりゃく》』、日本のものでは平安時代の法令集『延喜式《えんぎしき》』、鎌倉幕府の歴史書『東鑑《あずまかがみ》』、足利尊氏が制定した『建武式目』などに目を通し、天下支配の要道を考えたという。いまや武事でのみ国家を動かす時代ではない。文事を重んじ精神的支配力の必要なことを自覚しつつあった。単なる成り上り者ではない、文化的能力においても倫理的判断力においても、支配者たる力能の持ち主であることを天下に示さなければならなかった。こうした文治の観念は武将の間にもひろがってきていたし、一般武士にあっても、読書を楽しみ、和歌、俳諧、さらに茶の湯、能などを愛好する場合の説明論理になってきた。

活字印刷術による開版活動

近世出版文化の成立は、読書階級の身分の安定と、こうした文治教化の観念の展開を基礎条件としていたのである。しかし、当時の支配層の書物に対する、そして印刷ということについての関心を高めた直接のきっかけは、秀吉のあの無茶な朝鮮侵略であった。少しでも学問や書物に関心のある武将が、朝鮮にいって見たのが、おびただしい活字印刷の書物であった。かれらは、宝物の一つとして、朝鮮貴族の邸内から奪いとってきたのである。同時に、朝鮮で行なわれていた活字印刷の技術に注目し、活字や諸道具を奪ったのである。印刷の工人も日本へ連れてきた。

朝鮮活字印刷術の到来は、これまで日本で長いこと行なわれてきた木板による整版印刷を一変させ、十六世紀の末から寛永年間に至る約半世紀の古活字印刷時代を現出した。

活字印刷は、まず、後陽成天皇とその近臣たちによって行なわれ、『古文孝経』・『日本書紀神代巻』・『論語』・『孟子』などが刷られた。これを当時の年号にちなんで慶長勅版といっている。

ついで、徳川家康の保護のもとに、伏見で足利学校の庠主《しょうしゅ》（校長）三要《さんよう》が『孔子家語』・『三略』・『六韜』・『貞観政要』などを、五十川了庵《いそかわりょうあん》（医師）が『東鑑』を刊行した。家康は駿河に引退した後も、金地院崇伝《こんちいんすうでん》・林道春（羅山）に命じて『大蔵一覧集《だいぞういちらんしゅう》』・『群書治要』を刊行させた。これが伏見版・駿河版である。慶長勅版・伏見版は木活字が用いられ、駿河版には銅活字が新鋳されて用いられた。

天皇・将軍の開版と並行して権力者側近の知識人による印行活動も活発となった。『信長記』・『太閤記』で知られる小瀬甫庵《おぜほあん》は『補注蒙求《もうぎゅう》』・『十四経発揮』など数点の活字版をだした。甫庵は医師として知られ、そのほか儒学・軍学・歴史・易学など広い学識をもって、豊臣秀次、堀尾吉晴、前田利常などに仕えた人物である。如庵宗乾（医師か）は『證類備用本草序例』・『元亨釈書《げんこうしゃくしょ》』・『徒然草抄』などを印行した。五十川了庵は『太平記』を刊行し、さらに伏見に召されて『東鑑』を開版したのである。延寿院玄朔《げんさく》も医書類を開版した。かれは名医として評判が高く近世医学の祖ともいうべき曲直瀬道三《まなせどうさん》の子である。比叡山や高野山における刊本も活字版となった。京都の日蓮宗寺院要法寺の日性も、さかんに内・外典の刊行を行なった。江戸では天海が『一切経』の開版に着手した。

これら権力者側近の知識人や僧侶の活字開版活動に対し、もっぱら仮名古典の開版を行なったのが本阿弥《ほんあみ》光悦《こうえつ》と角倉素庵《すみのくらそあん》である。『伊勢物語』・『源氏小鏡』・『方丈記』・『徒然草』、観世流の謡本、久世舞《くせまい》の本など、いわゆる嵯峨本といわれる活字本である。嵯峨本は、豪華な装丁と料紙で、美術史的にも注目されるが、出版史の上では、伝統的特権層に独占されていた古典文学が、やがて広く庶民にまで解放されていく道をひらいたものといえよう。

しかし活字印本は、武士知識人・公家・僧侶・医師・豪商などの狭いコミュニケーション・エリアに流通したもので、印刷部数も百部をでない少ないものであったと思われる。同じ時代に天草や長崎で印行されたキリシタン版と、京都を中心に発達した朝鮮系活字版とはいかに関連するか、まだよくわかっていない。いずれも狭い自給自足的出版であったといってよかろう。

整版本と出版業の成立

活字印刷が、権力者の直接の保護のもとに、あるいはその周辺で推進されたとはいえ、数百種に及ぶ、これまでの印刷史の上では例をみない盛んな開版活動であったから、当時の文化に大きな衝撃を与えるものであった。それは士大夫層・豪商を中心に、書籍関心をいちじるしく高めることとなった。ここに商品生産としての出版業が成立してくる。

慶長十三年（一六〇八）の『五家正宗賛』をはじめ、禅宗関係の書籍数種を活字印行した京都の中村長兵衛（京富小路讃州寺町）や、慶長十九年（一六一四）の『遍照発揮性霊集《へんじようはつきしようりよう》』（空海の詩文集）刊行を初見として内・外典の開版をはじめた中野市右衛門道伴（京四条寺町）などは、最も早く登場した本格的出版業者であろう。

川瀬一馬氏は、慶長～寛永期の坊刻（民間人による印刷）活字印本刊行者六十二名を検出している。そのなかには単なる印刷職人も混っていると思われるが、先にあげた中野市右衛門道伴の弟小左衛門道也、田原仁左衛門・風月宗知（智）など近世後期あるいは近代まで続く出版業者が姿をあらわしている。

彼らは、はじめ活字による出版を営むが、寛永にはいると板木彫刻による整版印刷にきりかえていく。川瀬氏作成の「活字版刊行年表」（『増補古活字版之研究』附録）をみると、寛永三年（一六二六）頃に活字版から整版へかわることが一見してわかる。百部ほどまでの小部数の印刷には活字印刷が便利であり経済的でもあったが、数百部ともなると整版の方が経済的に有利であった。また、注文にも応じやすかったのである。

こうした整版印刷への変化、出版業者の登場は、読者の増大が背景にあったこと、そしてそれは、京都町衆の文化活動の急速な向上が条件となっていたことはいうまでもない。

三　町衆と出版文化

町衆の培った文化伝統

元禄期の京都書林十哲のほとんどは、寛永年間にでそろっている。かれらが、天皇・将軍や特権的知識人たちの活字印刷をうけつぎ、それを整版印刷にかえたのである。そして、本格的な出版文化をつくりあげたのである。かれらの身分はいうまでもなく町人である。しかし、かれらが出版文化を成立させ、強力に推進し、新しい社会的なコミュニケーションを活性化させていった様相には、近世町人とは異質のものを感じさせる。幕藩体制の中で、主体的活動を抑圧され、身分制のわくにはめこまれて、町人とよばれた存在からはでてこないような活動力がうかがわれるのである。

これはやはり、応仁の乱のころから、京都市内の町がいくつか集まって親町を形成し、親町ごとに集団性・自主性をもち、市内の社会的秩序をつくっていった町衆、豪商土倉・酒屋を指導者としてさらに公家衆を吸収した町衆、風流踊《ふりゅうおどり》や小歌などを発展させて新しい自由な民衆文化を育てていった町衆がもっていたエネルギーを継承して、はじめてでてくる活動力ではないかと思うのである。

町衆の実態を究明し、町衆が民衆文化の発展に大きな力を及ぼした状況を明らかにしたのは、林屋辰三郎氏（『中世文化の基調』）である。本稿の町衆についてのイメージも、林屋氏の論文によっている。林屋氏は、織豊政権の専制支配によって、町衆の自治的組織は、支配のための組織につくりかえられ、町の財政的中核をなした土倉富商層は町衆から切りはなされて、支配者に結合せしめられていくと指摘する。かつて町衆に親近感をもって接していた公家衆も、封建制再編が進行していくなかで、町衆に対して支配者の立場に立っていくとも指摘されている。まして近世の寛永期は幕藩制の確立の時期であり、町衆は都市支配の封建的なしくみがいっそう整備されていくなかで、近世町人として位置づけられていく時代となろう。しかし、寛永期前後の書物の出版にみられる文化的活動力はいかなる伝統に立って発揮されたものかを考えるとき、町衆がかつて培った京都の文化伝統を無視しては理解しえないことであろう。

出版業の担い手たち

京都で出版業をはじめた人々は、この時代の学問の水準からみれば、知識人の部類にはいる人であろう。村上勘兵衛宗信は、丹波の武士の系譜をうけ、深草元政と親しく交わった。中野市右衛門道伴は、禅僧にして儒者であった南浦《なんぽ》文之《ぶんし》の弟子と伝えられ、寛永三年（一六二六）に文之が訓点をほどこした『四書集註』を刊行した。武村市兵衛は、初代・二代ともに山崎闇斎に学んだものといわれる。田原仁左衛門は鹿苑寺《ろくおんじ》鳳林承章の所に出入りし、出雲寺林氏はもともとたいへんな蔵書家であったと伝えられる。烏丸通大炊町の安田安昌は、藤原惺窩の高弟菅玄同《かんげんどう》の門からでて出版にはいったものである。『元亨釈書』に自ら訓点を加え整版印刷にして刊行したのは、書商小島家富であった。こうした点からみると、寛永期の出版業は、やがて、京都と競合しながら発展する大坂や江戸の書商とくらべた場合、比較的教養の豊かな人々が、新しくはじめた商売であったといえよう。かれらはすでに町人社会からはなれた存在になりつつあった公家や豪商など上級知識人と一般町人との間に立って文化媒介者の役割をもはたしたであろう。上級知識人の精神的生産としての書物を社会に供給し、町人の経済活動や庶民文化の新動向を上級者へと反映させていきうる立場に立っていた。

京都の書商たちは、夷子講《えびすこう》・伊勢講・弁天講などの講組織を作ってもいた。その講組織の実態はまだ不明であるが、そうした連帯をもちながら新しい産業としての出版業を発展させていたのである。新しい出版産業の形成者であるとの誇りをもって、社会に自らの活動を示していこうという積極性が感じられるのである。京都市の編纂になる『京都の歴史・5・近世の展開』の元禄文化の章に、京都出版史の上でたいへん注目すべきことを指摘している。「なお、寺院と私人・書肆《しょし》の出版のほかに、寛永ころ一時期わずかの期間であるが、町による開版が行なわれたことがある。町中の文化活動として注目されよう。ちなみに一例をあげると、四条寺町で『南浦文集』を寛永二年（一六二五）、同六年に、『禅儀外文集』を同三年に、開版していた。」

この指摘―前掲書四〇二頁―は、例えば、『南浦文集』（三冊、活字版の大本）の刊記に、「寛永乙丑仲秋四条寺町校正刊行」とあり、『禅儀外文集』（二冊、活字版の大本）の刊記には「寛永三暦卯月　於四条寺町校正刊行」とあるのによったものであろう。はたしてこの刊記は、町による開版を意味しているかどうか、判断にちゅうちょする面もなきにしもあらずである。しかし町による開版の事例がほかにもあるのであれば、出版の文化的意義を、町ぐるみで認識していたという点で、まさに町衆的文化活動の継承というにふさわしい現象であろう。

寛永期の出版文化

寛永期の出版文化は京都でいかに進展するか。

まず第一に、仏書の開版が寺院工房から出版業者の手に移った。同時に仮名交りの仏典解説書も増加した。「仏書ノ類、殊外ウレ申候。此故ニ……古ノ法語迄尋出シテ開板致シ候」とは鈴木正三の観察である。儒教思想の解説書で寛永十五年（一六三八）に刊行された『清《きよ》水《みず》物語』が二、三千部も売れたという有名な話があるが、解説書類の盛行を示すものであろう。

第二に、先に指摘したように日本古典の解放の進展であろう。すでに活字版で『徒然草』十九種、『平家物語』十八種、『太平記』十八種、『伊勢物語』十一種、『大和物語』十種、『源氏物語』四種というように盛行を極めた（川瀬氏『増補古活字版之研究』）が、これらも整版に移されて、いっそう広く流布するようになった。

第三に、漢籍類の開版活動も盛んとなった。川瀬氏の調査によると、活字版で経・史・子・集各部合せて八十五種、異版も入れると延二百二十九種の漢籍が刊行されていたが、これらも整版に移された。さらに唐本《とうほん》の覆刻が相ついだ。やや時代の降った寛文八年（一六六八）のことだが、林鵞峰《がほう》は「頃年板本甚だ多し。事文類聚は既に成り、朱子語類は半ば成る。又、朱子大全開板の催し有り、通鑑綱目も亦既に開板と聞く。……此の如きの大部の開板誠に可なるかな」（『国史館日録』）と漢籍出版の盛況に驚いている。

第四に、仮名草子や俳諧書など新しい作品もつぎつぎと開版された。仏書・古典・漢籍などが、元和・寛永期に創業していち早く仏教教団や上層知識人社会との結合を確保した有力業者の刊行になるものが多いのに対し、仮名草子、俳諧書は寛永末〜寛文頃に登場した新興の業者によって開版されたものが多い。

第五に、説経正本・浄瑠璃本を主要商品とする業者が登場した。説経正本は、古くは寛永八年（一六三一）の浄瑠璃本屋（鶴屋）喜右衛門の『説経かるかや』絵入り本がある。つづいて、『しんとく丸』や『さんせう太夫』などの説経正本がさうしや九兵衛（正本屋山本九兵衛の祖か）や鱗形《うろこがた》屋孫兵衛（江戸大伝馬町）らによって刊行された。古浄瑠璃本もまた彼らによって刊行された。

仮名草子と本屋

こうしたなかで、文学史の上で一時代をつくった仮名草子類の出版のうごきが問題となるであろう。

仮名草子もはじめ活字印刷であらわれた。『きのふはけふの物語』・『竹斎』・『恨之介』・『伊曾保物語』・『大坂物語』・『信長記』など初期仮名草子が慶長・元和年中から寛永初期にかけて活字開版された。

整版本としては寛永九年（一六三二）の『薄雪《うすゆき》物語』や『尤之双紙《もつとものそうし》』などが早い例であろう。仮名草子は承応年間（一六五二～五）までに四十五種あらわれ、明暦・寛文年間（一六五五～七三）になると百七十八種も開版され、その盛況のほどがしのばれる。

この時期に浅井了意の精力的な著述活動があらわれる。了意の作品は、西村九郎右衛門・

河野道清・山田市郎兵衛・秋田屋平左衛門・鈴木権右衛門・林九兵衛義端・松会三四郎・石橋源兵衛らによって刊行された。松会三四郎だけは江戸の書商で、あとは京都である。元禄末から享保期にかけて八文字屋《はちもんじや》八左衛門が江島其磧《きせき》の作品を独占開版するような出版者・作者の専属関係が全く見られないのが注目される。また、河野・山田・鈴木・石橋のように、活動期間の短い業者が了意の作品の刊行にたずさわっていることも特色である。

つまり、出版された仮名草子は、たいへん数が多いのであるが、その出版によって産をなし、経営の基礎をかためた書商は見あたらないのである。たしかに、西村九郎右衛門や秋田屋平左衛門は有力書商である。元禄九年（一六九六）の『増益書籍目録』によって、その蔵板数をみると、西村は五十点、秋田屋は百二十点という数を誇っている。しかし、かれらの主要商品は仏教関係の本であった。西村は浄土真宗、秋田屋は平楽寺村上勘兵衛らと共に、日蓮宗学書、天台学書の刊行を行なった四軒仲間の一員であるから日蓮宗に深い関係をもっていた。

林九兵衛は了意最後の作品『狗張子《いぬはりこ》』を刊行した者だが、彼は伊藤仁斎の門弟として、自ら『榑桑《ふそう》名賢文集』・『榑桑名賢詩集』を編纂するなど士大夫層むけの書籍刊行を志向していた。松会は『明暦武鑑』刊行以来、古典注釈本・漢籍・古浄瑠璃のほか仮名草子類も刊行した業者であるが、幕府御用書肆《しょし》の指定をうけて営業基盤をつくっている。

こうした了意の作品をめぐる出版業の動向から考えると、仮名草子は、必ずしも庶民向けの出版流通ルートにのぼってはいなかったと思われる。それは、仏書・漢籍・日本古典に従属する商品として士大夫層・僧侶・有力商人など上級読書人の間に流通したものであろう。したがって、寛文頃に輩出してきた京都の新興書商も、仮名草子出版をテコとして経営基礎を固めることはむずかしかった。京都新興書商の不安定さは板木の頻繁な移動となってあらわれる。この時期の京都書商は、新しい販売ルートの開拓――それは庶民の中に積極的に読者を作り出していくことだ――の見通しを立てえず、短期の活動で消えていく者が多いのである。

一方、寛永以来、産をなしてきた書商は、幕府・寺院あるいは特定の学派などと特別の関係をもって、経営を安定させていた。特権による独占の体制をとることによって大書商となりえたのである。元禄時代の京都書林の十哲は、こうした性格をもっていた。

出版文化形成期の、あの新文化をつくっていこうとする進取的な出版よりは、特権によりかかる姿勢が前面にでてくるといえまいか。

折しも寛文十二年（一六七二）は、西廻り海運刷新の年である。裏日本の物産は海路大坂へと輸送されることとなり、京都は平安以来の中央市場としての機能を急速に失なっていく。こうした市場構造・交通関係の変化、さらに京都大書商の特権へのよりかかりという中で新しい文学形式としての浮世草子が、まず大坂書商を担い手として書籍市場に登場してくるのである。

II　元禄文化と出版

［前頁図］

女護の嶋を目ざす世之介　元禄のベストセラー，井原西鶴『好色一代男』の終章。やぐらの上で指さしているのが世之介。舟の名は好色丸（よしいろまる）。海のかなたの女ばかりの島を目ざして船出するいかにも人をくった場面だが，日本をはみだすほどの闊達さが一代男の世界だ。（国立国会図書館蔵）

一　ベストセラーとしての西鶴本

重宝記・万宝・好色本こそ、本屋のかね箱

ふたたび『元禄大平記』の語るところを聞いてみよう。

この物語は、出雲国から伊勢参宮にやって来た者二人と、本替《ほんがえ》（本屋同士で手持ちの書物の交換をする）のため大坂へ下る京の本屋、本替をおえて大坂へ帰る大坂の本屋とが、伏見から夜船にのりあわせ、船中のつれづれに、種々の物語をするという趣向である。内容は、先にも紹介したように、当時の出版界の内情を語っているが、それにからめて、作者や学者の批評、和漢の学問書についての手引き、京都の遊里や演劇界の評判など多方面にわたっている。そして、西鶴をけなし、作者自身の宣伝をするのである。

作者都の錦は、京坂の本屋の会話を通じて、なかなかうがったことをいわせている。

大坂の本屋「近年、米の高値につれて、紙の売買も高値になったので、本屋商売も思う

ようにいかぬ。まだ、京都の紙屋は盆暮の決算だからいいが、大坂は月ごとの晦日払《みそか》で商売も不勝手で困ったものだ。きのうまで文台屋の名前がはいっていた板木も、今日は秋田屋市兵衛の手に渡って、板木に秋田屋と入れ木してある。……まことに時の変化とはいうけれど、よそごとではない。……」

京の本屋「大坂だけではない。京都の本屋仲間でもがめつく勝手なことをする人たちがいて困ったものだ。もとはといえば、唐本《とうほん》を和板にすることから始まったのだ。『史記評林』『圓機活法』を八尾甚四郎と紅屋がそれぞれだして、どちらもすたれてしまった。『通鑑綱目』も三宅道乙が訓点をほどこしたものと、鵜飼金平の訓点のと二種類でているのだから、これじゃ商売にならない。一路に三車を押すがごとしという諺の通りだ。とも倒れになってしまうのだから嘆かわしいことだ。近年、重板類板は御制禁となったけれど、京都の板権を大坂の本屋が奪って重板し、大坂の板を江戸で類板するので、争いがたえない。ある人の話しでは、いまでている『大明一統志』五十冊、『朱子文集』百冊などは、どれほど売れるか心もとないことだ、こんなむずかしい本を読む人は中国渡来の唐本を用いるにちがいないから和板は売れないだろうといっている。もうあきないの勝手には、好色本か重宝記《ちょうほうき》のたぐいがましじゃ。」大坂の本屋「全くそうじゃ。大坂で『家内重宝記』を北御堂前の森田庄太郎がうり出してから、もういろんな重宝記がでて、棟《むね》に充《み》ち牛《うし》に汗《あせ》するほどにありとはこのことじゃ。このごろでは重宝記も流行おくれで万宝《まんぽう》に移っている。この間までなんとか諺解《げんかい》がはやっていたと思ったらなんとか詳解、なんとか大成かと思えばなんとか集成がはやる。とかく書物の流行《はやり》も飛鳥川と同じでかわりやすい。いやそれにしても、永いこと流行《はやり》のかわらないのは好色本だ。この道の作者はなんといっても西鶴……まことに西鶴こそ分《わけ》（色道）の聖《ひじり》というべきだ。……小説じゃ西鶴にまさる作者はいないだろう。」

この会話の中で論じられている出版界のありさまは、もう現代のそれとあまりかわりがない。京の本屋も大坂の本屋も、かたい本よりも、重宝記・万宝・好色本こそ本屋のかね箱だとしている。好色本＝浮世草子については説明するまでもない。重宝記というのは、日常生活に必要な知識をいろいろとり集めた庶民のための簡易百科事典のようなものである。いまでいうハウツウものである。『昼夜調宝記』『諸人重宝記』『家内調宝記』など、なんとか重宝記と題するものが元禄年間に二十種あまりも出版されている。むずかしい本を読めば、ただねむりをさそい、「馬耳東風」のごとく訳のわからぬ「愚者」のために「世わたる中に要となる事共をとり集め」て作ったものであった。
万宝とは重宝記をいっそうくわしくしたようなもので、『万宝全書』『万宝調宝記』などをはじめとして、つぎつぎと売り出されることになる。

大坂書商と浮世草子類

こうした西鶴の浮世草子をはじめ、重宝記、万宝など新しい民衆的な書物類は、まず大坂で刊行された。次頁の表に、西鶴の作品、あるいは西鶴作品に擬して作られた浮世草子の初版本、あるいはそれらしいものの板元をあげてみた。このなかには、京都の特権的な大書商はほとんど参加していない。元禄五年（一六九二）の『世間胸算用』以降、京都十哲のうち上村・八尾などが顔を出しているが、京都の老舗のプライドをすてても新商品に便乗しようとしているような感がある。

ここに登場する大坂の本屋は、また重宝記、万宝記をだした人々である。いずれも、開業して二十年たらずの本屋である。創業以来六、七十年という京都の老舗とはくらべものにならない、かけだしの本屋である。元禄時代のベストセラーズ出版の本屋たちは、全く新しい商人であり、大坂で成長したものであった。

浮世草子類の初版本

書名	年代	初版本と思われるものの板元
好色一代男	天和2年10月	荒砥屋孫兵衛(坂)
好色一代男(江戸板)	貞享元年3月	川崎七郎兵衛(江)
諸艶大鑑好色二代男	〃　元年4月	池田屋三郎右衛門(坂)
西鶴諸国はなし	〃　2年正月	池田屋三郎右衛門(坂)
大阪堺筋 椀久一世の物語	〃　2年2月	森田庄太郎(坂)
扶桑 近代艶陰者	〃　3年正月	河内屋善兵衛(坂)
好色五人女	〃　3年2月	森田庄太郎(坂)
好色一代女	〃　3年6月	池田屋三郎右衛門(坂)
本朝二十不孝	〃　3年11月	千種屋五兵衛(坂)　池田屋三郎右衛門(坂)　万屋清兵衛(江)
男色大鑑	〃　4年4月	深江屋太郎兵衛(坂)　山崎屋市兵衛(京)
武道伝来記	〃　4年4月	池田屋三郎右衛門(坂)　万屋清兵衛(江)
日本永代蔵	元禄元年正月	森田庄太郎(坂)　金屋長兵衛(京)　西村梅風軒(江)
武家義理物語	〃　元年2月	安井加兵衛(坂)　山岡市兵衛(京)　万屋清兵衛(江)
日本永代蔵(重板)	〃　元年5月	西沢太兵衛(坂)
色里三所世帯	〃　元年6月	雁金屋庄兵衛(坂)
新可笑記	〃　元年11月	池田屋三郎右衛門(坂)　万屋清兵衛(江)
一目玉鉾	〃　2年正月	雁金屋庄左衛門(坂)
本朝桜陰比事	〃　2年正月	雁金屋庄左衛門(坂)
世間胸算用	〃　5年正月	伊丹屋太郎右衛門(坂)　上村平左衛門(京)　万屋清兵衛(江)
浮世栄花一代男	〃　6年正月	雁金屋庄兵衛(坂)　油屋宇右衛門(坂)　松葉屋平左衛門(京)　万屋清兵衛(江)
西鶴置土産	〃　6年 冬	八尾甚左衛門(坂)　田中庄兵衛(京)　万屋清兵衛(江)
西鶴織留	〃　7年3月	上村平左衛門(京)　雁金屋庄兵衛(坂)　万屋清兵衛(江)
西鶴俗つれづれ	〃　8年正月	八尾甚左衛門(坂)　田中庄兵衛(京)
西鶴文反古	〃　9年正月	上村平左衛門(京)　雁金屋庄兵衛(坂)　万屋清兵衛(江)

かれらは、幕府や大寺院や大名・上級文化人などにむすびついてはいない。独立の生産と販売を営む本屋たちである。かれらの得意先は、特別の権力に保護された社会的地位をもつ上級者ではなく、世間一般の読書層である。庶民の中では、どちらかといえば上層になるが、自分の才覚と努力で生産と販売にたずさわる人たちがお得意であった。フランスのエスカルピ教授は『出版革命《ザ・ブック・レボリューション》』という著書の中で、ベストセラーはエリート向けの本づくりを、大衆向けにきりかえたときに成立する、これこそ「出版革命」の始まりだとしているが、大坂の本屋たちは、まさに、浮世草子とハウツウもので、当時の出版界に革命をおこしたのだともいえよう。京の本屋は百軒もあったのに対し、当時大坂で本格的に活動していた本屋は三十軒にもみたない。その新興少数勢力が、出版界の流れに新風をふきこんだのである。

二　元禄の読者

河内の読者たち

元禄時代になって浮世草子・重宝記・万宝など新しい出版物が、新興の大坂書商によって刊行されベストセラーの現象があらわれてきたことを前節に述べたが、この節では、こうした出版文化発展の土台ともいうべき読者について述べておこう。

この時代の読書生活を具体的に明らかにすることはなかなかむずかしい。とくに都市商人の読書生活については、個人蔵書の目録や読書日記など残っているわけでもない。その点、農村の豪農商層の方が資料の残存度が高い。以下に紹介するのは、大坂経済圏・文化圏に含まれる河内の読者たちの生活である。

かつて私は、河内富田林《とんだばやし》の富商・杉山家の蔵書をみせていただき、その目録を作り、刊行年代順に整理したことがある。そうしてみると、寛文年間（一六六一〜七三）からの出版書が多くなっている。むずかしい漢字の本や仏教経典もあるが、小説・和歌・俳諧・謡本の類、論語・孟子・大学のような素読の本が多い。なかでも謡本二十冊そろいのものが何種類もある。謡や俳諧が、この地方の裕福な商人や農民の、交際上の教養として喜ばれていたことがわかる。そのほか、経済活動や、日常生活の上で必要な知識を得るために、さまざまな通俗的教養書を買い求めている。『万宝全書』『塵劫記《じんごうき》』（吉田光由のあらわした算術の本）、『大雑書』『医道日用重宝記』『商人職人懐日記』『諸人日用宝』、貝原益軒の有名な『養生訓』や『家道訓』、女子の教養として『女大学宝箱』『女源氏教訓鑑』『女今川姫かがみ』『生花早学』など、元禄から享保にかけて出版された本が本箱に整然とおさめられていた。それらの本には幼い手跡で使用者の名前が書かれていたり、落書きがしてあったりする。これらをみていると、元禄時代に大坂周辺の富商農が、書物に何を期待し、どのような知識を基本の教養として求めていたかが窺えるのである。聞けば、西鶴の『世間胸算用』や『日本永代蔵』も所蔵されていたということである。こうした西鶴の町人物などは、杉山家のような富商の主人が読んで、町人の成功話に感心し、また胸算用のような市井生活の哀歓に身につまされるものを感じたのであろう。

ところで、この杉山家の主人は能を愛好する人で、付近の町村の友人とともに、実際に演じてもいた。『松風』『羽衣』『角田川』『船弁慶』など、数十番のレパートリーを持っていたというから立派なものである。こうしたことは、富田林から西へ石川をこえて二キロほどの所の村、大《だい》ヶ塚の豪家・河内屋可正の残した旧記にでてくるのである。

河内屋可正は寛永生まれの人で、寛文（一六六〇年代）から元禄にかけて酒屋・油屋を営み、多くの田地ももっている庄屋であった。可正の若いころに金剛右京太夫という能楽師が住んでいたので、村の人とともに能を習ったという。富田林の杉山家もこの地域では名の聞こえた地主商人であったから、大ヶ塚の河内屋とは経済的な交際があり、共に能が好きだということで友人になり、たびたび演能の機会があったのであろう。

河内屋可正は俳諧も得意とした。かれの旧記には、慶安のころ（一六五〇年ころ）から、この地域すなわち河内石川郡の人々も俳諧を習うようになったとしている。とくに壺井村の唯正、柏原村の浄久、誉田《こんだ》の一十などといっしょに大坂や堺の俳諧師をたずねて、俳諧の道を聞いたりした。俳友も方々にできたが、さらに深めるため、京都に上って松江重頼《しげより》や安原貞室《ていしつ》（二人とも松永貞徳の高弟）の教えをうけた。自分のすすめで、この石川郡でも、いまでは郡中のこらず俳諧をやるというほどになっている、と記している。

読書人・三田浄久と俳諧交遊グループ

ところで、右にでてくる柏原村の浄久とは、いまも柏原に旧家としてある三田《さんだ》家の祖で、可正とならぶ、河内における俳諧の雄であった。この三田浄久が、延宝七年（一六七九）に京都の書商西村七郎兵衛方から、六巻八冊の立派な書物をだした。題して『河内鑑名所記』という。

三田浄久は柏原の商人で、通称七左衛門、屋号を大文字屋と称した。家業は干鰯《ほしか》、油粕《あぶらかす》などの肥料商であり、大和川の川船・柏原船の株主としても利益をあげていた。浄久とは俳名

三田浄久の俳友の分布図

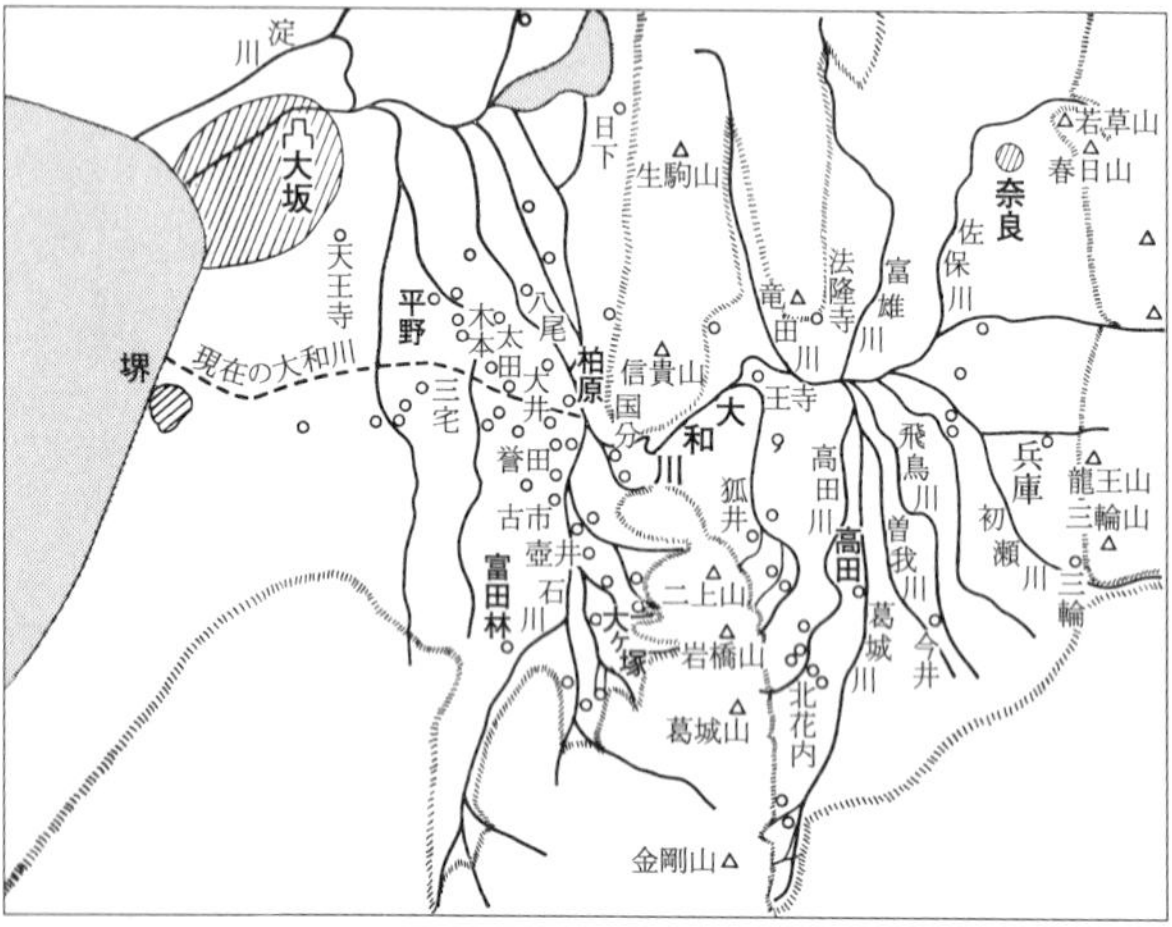

である。『西鶴名残之友』にも浄久のことがでてくる。「その比《ころ》、河劦《かしゅう》柏原の里に浄久と名乗て無類の俳諧好《ずき》、老《おい》のたのしみ是ひとつと極めて、……」とあって、その俳諧好は京・大坂まで聞こえていたのである。『河内鑑名所記』は、こうした浄久の晩年の仕事であった。この本は河内の名所旧跡を探訪し、絵入りの解説をした本であることはいうまでもないが、注目されるのは、かれの俳友によびかけて、名所旧跡にちなんだ吟詠を募り、刷りこんでいることである。しかも、作者すべて二百六十人の住所一覧が巻末にのせてあることである。そのうち河内の人は百十七人、さらに大和や大坂の人が多い。大ヶ塚の河内屋可正の句も

はいっている。この河内・大和の俳人たちの住所を地図の上に示してみると、浄久の交遊が、大和川をルートとする商品流通と密接に関連して広がっていることがわかる。この俳諧グループが、とりも直さず、この時代の書物購読層であるといえよう。大坂周辺の綿をはじめとする商品生産の発展が、大坂の都市としての発達の有力な基盤であるとともに、元禄文化をささえる力でもあったのである。西鶴の浮世草子や重宝記・万宝の類は、大坂市民の間でもてはやされるとともに、こうした農村の書物購買層にも多く売れたのであろう。

ところで、三田家は、浄久の子久次も書物を愛した。しかし三代目になって、享保の末に家業が衰え、家蔵の書物を手ばなさざるをえなくなった。三田家には、その悲しい書物売り払い記録が残っている。京都の本屋の栗山弥兵衛に売った分は百七十四点、八百三冊という大量の本だが、三百五十匁（六両ほど）という安い値段で手ばなしている。その内容は、日蓮宗関係の本など仏書三百九冊、和歌古典書百十冊のほかに『町人嚢《ちょうにんぶくろ》』『百姓嚢《ひゃくしょうぶくろ》』『男重宝記』『民家分量記』『初学訓』『五常訓』『大和俗訓』『大和童子訓』『いさめ草』『子孫鑑』『武士訓』『明君家訓』など五十冊以上の教訓書、『西鶴織留』『日本永代蔵』をはじめとする三十九冊の浮世草子、『寺子教訓書』『新書学手本』などの二十冊にのぼる寺子屋教科書、その他、重宝記・万宝・節用集の類がふくまれている。こうした教訓書、実用書、浮世草子の類が元禄時代に、とくに売れ出した本であることが、これによってもわかるであろう。同時に三田家のような蔵書家が、河内・大和など、大和川流域の各地に出現してきたことを推測してよいであろう。

庄屋の日記にみる読書生活

柏原から大和川を下ること十二・三キロ、生駒《いこま》山の麓に、日下村《くさかむら》があった。京都大学は、この日下村の庄屋森長右衛門の、享保のころ（元年＝一七一六）の日記を所蔵している。この日記をみると、長右衛門家の日々の生活の中に、どのように読書がおりこまれているか、具体的にわかるのである。

享保十二年四月二十日　大坂高麗橋一丁目の本屋芳野屋十郎兵衛方から『大学』一冊、巻紙一つがとどいた。さかいや三郎兵衛へ頼んでおいたところ、作兵衛便でとどけてよこした。（作兵衛とは町飛脚であろう）

四月二十一日　今日から息子の万四郎が『大学』を読みはじめた。

四月二十七日　志賀《(ママ)》良岐（しがらき）の者が焼物を売りにきた。手水鉢二つ、水さし三つ持ってきたので、手水鉢大小二つ五匁五分、水さし三つ一匁五分で残らず買った。

（このころ鉢とか壺など焼物売りがよくくる）
五月七日　朝の間は元作と囲碁、朝飯ののち見廻りにでる。畑の小麦を刈る。五斗七升。空豆三斗七升とれた。このあと、畑へ茄子《なす》を植えさせた。（多くはこうした庄屋としての仕事、田畑の耕作、囲碁の楽しみなどの記事である）
八月十日　大坂心斎橋筋博労町の柏原屋清右衛門という書物屋がきて『古暦便覧』を買いとった。この代金は一匁八分、また『要馬秘極集』をかりておいた。
八月十三日　大坂へでかけていた元明が帰ってきた。在所で綿繰《わたく》り屋を禁止するように大坂の綿繰り屋が大坂町奉行へ申しでていたが、町奉行では在所で綿繰りをしてもよいといっている由である。
八月十五日　『太平記』全部で二十一巻を左平次へかした。
八月十六日　柏原屋清右衛門の手代が書物を持ってきた。『書翰諺解』を二匁一分で買った。柏原屋手代は、お寺で古本を買い取って行きたいが銀子が不足だというので、銀四匁六分をかした。
八月二十三日　柏原屋の手代がきた。『江戸鏡』を四匁で買った。
八月二十六日　『大成論諺解』二巻、『難経諺解』十二巻を友達からかりた。

九月六日　柏原屋がきたので書物代の残り六匁三分を渡した。『刪補衆方規矩』四巻と『和語圓機活法』十一巻を買った。二十三匁五分。
九月二十七日　柏原屋がきた。『雲上明鑑』『秘苑要術』を各二匁五分で買った。
十月五日　柏原屋がきた。『和漢三才図会』八十巻を百二十匁で買う約束をした。赤金の金物錠前のついた両開戸の箱に入れてもってくるはず。
享保十四年三月二十六日　本屋柏原屋孫兵衛がきた。『田舎荘子』を見ちん六分でかりた。買うとすると三匁六分だそうだ。（貸本の見ちんが本の値段の六分の一だということがわかる）
四月十九日　大坂農人橋の和泉屋稲本喜兵衛という書物屋がきて、初めて〝知り人〟になった。『怪談全書』五巻を見ちんなしでかしてくれた。『難波軍記』を四十日期限で四匁五分でかりる約束をした。近日に持ってくるはず。その節、見ちんは先わたしにする約束である。
五月四日　終日家にこもって『難波軍記』を書物屋にかりて読む。
六月六日　楼寄老（友人であろう）が来て一日中話しこんだ。『西鶴織留』『俗つれづれ』をかした。

このような読書生活をいきいきと感じさせる農民の日記は、さがせばほかにも見出すことができよう。私は、京都大学でこの日記に目を通したとき、庄屋長右衛門のあまりにも豊かな読書生活に、感嘆せざるを得なかった。また、大坂の本屋たちの、農村にまででかけて、本を売り、あるいは貸して歩くという、その積極さに、びっくりもしたのである。こうした販路の積極的拡大は、これまでの京都の書物屋には、なかったことではあるまいか。

俳諧人口の増加

河内柏原の三田浄久や大ヶ塚村の河内屋可正が俳諧を好んだこと、その俳友連が河内・大和に広くいたことをのべたが、すでに明暦（一六五〇年代）のころから、俳諧人口の増加が目だちはじめていた。

寛永十年（一六三三）正月に、大本仕立ての五冊本、たいへん立派な『犬子集《えのこしゅう》』という俳諧撰集が京都で刊行された。俳諧関係では最初の撰集である。多くの俳諧師の作品から、すぐれたものをえらんで印刷し、俳諧はかくあるべしと世に示そうというわけである。撰者は、いまを時めく松永貞徳の弟子・松江重頼。この『犬子集』には五か国、百七十八人の句がえらばれた。以来、貞徳とその門流による俳諧書は二百六十点余り、冊数にして約八百冊が刊行される。

明暦二年（一六五六）に、『玉海集』が刊行された。これは晩年の貞徳が撰にたずさわり、死後、門弟の安原貞室が仕上げて出版したものである。この『玉海集』にその句をえらばれた貞門の俳人は、三十七か国、六百五十八人にのぼる。最初の撰集『犬子集』から二十年後、いかに俳諧人口が増大したかをうかがうことができる。

その後、西山宗因があらわれて談林派の俳諧をはじめ、貞徳の門流を形式主義だと批判し、新風をまきおこした。この宗因の門流に、井原西鶴が登場する。西鶴の句は、あまりにも型破りのものが多かったので、阿蘭陀《おらんだ》流と悪口をいわれた。しかし、西鶴は平気で、かえって自ら阿蘭陀西鶴と称したりした。

芭蕉は貞門の北村季吟の教えをうけた俳諧師であるが、かれもまた、独自の境地を切り開き、蕉風の俳諧を確立したのは有名だ。かれらが活動した、寛文・延宝～元禄の時期は、近世俳諧高揚の時代である。俳諧人口の増大は、文化享受人口のバロメーターの一つである。

近松劇と観客

劇場の観客も激増してきた。近松門左衛門の『国性爺合戦』が大坂竹本座で上演されるや十七か月のロングランとなった。近松の作劇活動をささえたのは厖大な観客であった。近松の浄瑠璃はいずれも人気を博したが、その正本は、京都の山本九兵衛とその大坂店《おおさかだな》山本九右衛門が刊行した。「正本とあざむく類板」もあったというから相当な出版部数であったと思われる。大坂の作者兼本屋であった西沢九左衛門は貸本屋をも営んでいたが、この西沢では近松の正本を貸し出していたという。

観客や読者の増大は、元禄時代の都市の発達と関連していたことは当然である。三十万都市京都に対して大坂も三十万をこえ、江戸は武士、町人あわせて百万に達した。この時代に百万をこえる都市は世界中さがしてもほかに見当たらない。

西鶴の『日本永代蔵』には三井八郎右衛門（永代蔵では九郎右衛門ともじってある）が江戸で越後屋を経営し、現銀掛値なしの新商法で成功をおさめる話が書かれているが、三井の経営はまさに、この時代の新しい市民こそ商売の顧客であることを適確につかんで成功をおさめたのである。

元禄時代の三井総本家三代目の三井高房が子孫のためにと書き残した記録に『町人考見録』がある。子孫に残す記録ならば、いかにして成功したかを書くのが普通であろう。しかし、これは己れのことを書かずに、元禄時代に破産した呉服屋や両替屋などの商人についての調査結果を書いている。破産事例五十件余、これらはなぜ破産したかを論じている。破産した商人は多くは近世初期以来の系譜を引く豪商であった。幕府や大名と特別の関係を結んで経済界を牛耳った連中であった。かれらは、大名財政が元禄期にくずれてきたのと運命を共にしたのである。大名に金を貸してこげつく例が多かった。呉服屋などは特定の大名に出入りして掛け売りをしていたのだが、それもうまくいかなくなった。三井は、こうした特権に安住して失敗した者の例を見て市民相手の商売を第一としたのである。

読者あっての浮世草子、観客あっての近松劇、市民あっての越後屋商法、そして地方にまで拡大していた俳諧好きや読者たち、これらは、元禄の社会経済の構造が生みだした、同質の文化的・社会的現象である。

経済都市大坂の活況

西鶴を育て、近松の活動の場となった大坂の発達が著しい。寛文十二年（一六七二）の河村瑞賢による出羽幕領の年貢米、大名領米の大坂・江戸輸送のための、いわゆる西廻り航路開発は、大坂発展の一大画期であった。これまで、北陸・出羽・松前方面の米・海産物をはじめとする諸物産は、敦賀で陸上げされ、琵琶湖をへて京にはこばれていたのが、直接に大坂に輸送されることになった。大坂の商況はにわかに活気をおび、すでに、摂津・河内・和泉・大和などではじまっていた農民の綿をはじめとする商品的作物の生産も一段と活発になった。この地域の農民の生活は、大坂にむすびつき、大坂堂島の米相場は、京や江戸の商人にとってはもちろん、この地域の農民にまで関心のまととなった。相場通信には状屋といわれた何百軒ものの町飛脚が、大坂市内はもとより、農村部までかけまわった。通信に手旗信号が用いられ、さらに遠くまで瞬時に情報を送るために信号中継地に望遠鏡をおく者もあらわれた。宝永三年（一七〇六）刊の『熊谷女編笠《くまがいおんなあみがさ》』という浮世草子には、このようにして大坂相場の動きを大和郡山に居ながらにしてキャッチし、もうけた者の話がでている。

こうした経済の展開の中で、農村から大坂にでて商人となり成功を納めた者も多かったことが『日本永代蔵』に描かれている。いまをときめく大坂の有徳人たちは、もとはといえば、近郷近在の「物作りせし人の子」すなわち百姓の子である。努力と才覚で一代の間に財をなしたのである。いずれも「吉蔵三助」（このころの奉公人をさす）の成り上りであると。努力と才覚によって商売を発展させるためには、経済の動き、世の中の動きをよく知らねばならない。今ふうにいえば、情報の収集とその処理感覚がなければならない。家業を大切にし、信用を得、子弟を教育して家を盛り上げる工夫が必要となる。「町人百姓も学問なくては叶《かな》わざる物なり」とは伊藤仁斎の言葉である。仁斎の子東涯は大坂周辺農村をまわって方々で講義をしている。さまざまな世の出来事を書いた浮世草子が読まれ、家を大切にする教訓書がよまれ、余力のある時は俳句をつくり、謡もやる。子弟教育のための寺子屋用教科書も購入する。農業生産改良のために『農業全書』を読み、日下村庄屋にいたっては、寺島良安の百科事典『和漢三才図会』まで購入したのであった。

三　元禄出版界の発展と限界

西鶴本の衝撃

西鶴が『好色一代男』を世に出したのは、天和二年（一六八二）であった。開板者は大坂の荒砥《あらと》屋《や》孫兵衛《まごべえ》という正式の書物屋かどうかもわからない無名の者である。ほかに書物を刊行しているわけでもないし、何物であるか不明である。しかし、この『好色一代男』が読書界・出版界に与えた衝撃は、出版史上、たいへん大きなものがあった。新興とはいいながら、本格的出版をはじめつつあった、池田屋三郎右衛門や森田庄太郎ら大坂の本屋たちは、たちまち西鶴著述の稿本にとびついた。『元禄大平記』によると、池田屋は西鶴にもっと書かせようと「好色浮世躍《うきよおどり》」という草子を六冊仕立てで書いてくれるよう頼み、写本料（原稿料）として前払い銀三百匁を渡したという。しかし、西鶴は約束をはたさずに没した。この話はほんとうかどうかわからないが、当時の本屋が、西鶴の原稿をたいへん欲しがっていたことは事実であろう。

浮世草子が流行してくると、書物屋の中で筆の立つ者は自ら創作出版するようにもなった。大坂の正本屋（浄瑠璃本を出す本屋）西沢九左衛門は西沢一風の名で、京都の西村市郎右衛門は嘯松子《しょうしょうし》未達《みたつ》の名で、また、京都の和泉屋山本八左衛門は山八《やまのやつ》の名で執筆している。しかし、かれらの作品は、とうてい西鶴の作品には及ばない。江戸の立羽《たちば》不角《ふかく》という本屋をしていた俳諧師も書いているが、まったく猥雑なものでお話にならないものである。

当時、好色本の流行はおどろくほどである。書籍目録にも好色本・枕絵の部が設けられるようになり、元禄九年（一六九六）刊目録にも八十三点の好色本が列挙してある。好色本を中心とする浮世草子は、『好色一代男』出版の天和二年（一六八二）以来元禄末年までの二十年間に約二百点（再版本も含む）も刊行された。

販売機構の新形態

こうした浮世草子の増加を荷った新興書商は、販売機構においても新しい形態をとっている。

前節にも紹介したが、貞享二年（一六八五）以後の西鶴本の奥付《おくづけ》をみると、書物屋が二名ないし四名、刊行にたずさわったことが示してある。これまでの仮名草子は、京都およびその支配下にあった江戸書商によって開板されたのであったが、その奥付には、一人の出版者名しか記載されていないのが普通である。仏書や漢籍類については、二軒以上の本屋が共同出資の形で板をほる場合があった。使用をしない時には、一方の出資者が勝手に刷って売り出すということを防止するため、板木を分けて保持するのである。これを相板《あいばん》と称し、元禄以前にも行なわれていた。しかし、西鶴本にみられるように大坂書商と江戸書商が刊行者として名を連らねていても、板木分割保持の相板が成立するわけはない。これは販売面の提携を意味するものと考えられよう。

こうした販売のための提携は、ほかにも広く行なわれるようになった。京都と金沢、京都と名古屋、江戸と仙台というように、三都（京・坂・江戸）書商と地方都市の書商のつながりがみられるのである。

寛永以来の京都の大書商は、仏書・儒学書を主要な商品とし、上流階級を固定的な読者としていた。販売圏の拡大といっても、さして宣伝をするわけでもない。せいぜい江戸に出店を出して注文に応じていたのである。京都特権書商の狭い書物販売ルートは、以上のような新興書商の活発な販路の拡大によって漸次打破されていくのである。その販売ルートは、三都内はもとより地方都市、さらには農村にも連らなり、「田舎得意」といわれる読者が発生してくるのも元禄時代なのである。

大坂における出版物

新興の書商が、日用教養書や重宝記・万宝など日常生活の必要知識をもりこんだ簡易百科事典式の本などを出版したことを先に指摘した。また、農村地主商人層までそれが流布し始めたことも注目したところである。こうした本を出版することによって経営基礎を固めた本屋に大坂の柏原屋清右衛門がいる。

大坂の出版物にはどういうものがあるか、「開板御願控書《かいばんおんねがいひかえしょ》」という書類が残っているので、それによって判明する。これは、享保八年（一七二三）大坂本屋仲間が結成されて以来明治初年まで、大坂の本屋が出版許可願を出した控である。現在、『享保以後大阪出版書籍目録』と題して刊本になっている。
この目録で柏原屋の出版物を追っていくと、
女用智恵鑑錦織一冊　右改版願出　作者　柏原屋清右衛門（順慶町五丁目）
板元　右同人　出願享保十三年十二月
万玉百人一首宝庫一冊　作者　柏原屋清右衛門
板元　右同人　出願享保二十年五月
などとあって、柏原屋自身が作者をかねて、日用教養書を出していることに気づく。右のほかに柏原屋は『万福百人一首宝文』とか『昼夜重宝記』を自作で刊行する。
こうしたことは柏原屋だけでない。堺屋清兵衛は『和漢字彙』『文翰節用通宝蔵』『増補蠡海節用集』など二十点ほどの自作書刊行願を出している。吉文字屋市兵衛こと鳥飼洞斎《とりかいどうさい》に至っては、『算学全書』『永暦大雑書天文大成』『女教訓古今集』『錦嚢万代宝鑑』『同智術全書』『月令博物筌』など約六十点の自作書刊行願を出すのである。（角川書店『日本文学の歴史』8・「出版ジャーナリズム誕生」参照）
これらの書物は、商人や富農などにとって日常の生活の上で必要なものであること、出せば売れることを見定めて、大坂新興書商がだしたものである。いかにも大坂商人らしい時流にのった堅実な本作りの感がある。

益軒ものの板元柳枝軒

朱子学にのっとった教訓書が多くの読者を得たことも、富田林杉山家、柏原三田家、日下村長右衛門家の例でわかるが、教訓書の中でもとくに貝原益軒のものはよく売れたらしい。益軒自身「明暦万治《めいれきまんじ》以来日本の文学漸《ようやく》開け書板行多し」といって、出版の発展に大きな関心をもっていた。益軒は出版界の状況に応じて多くの著述をものにしたのである。益軒の著作に『和漢名数』という数目に関する本があるが、この本の初版本のうち七百部が江戸に送られ、その後も毎年四百部ずつ送られたという。この部数は江戸に送られたものであるから、初版本は全部で二千ほどは刷られたであろう。一般に、こうした学問的教養書は、千部売れれば〝千部ぶるまい〟と称して祝ったというから、益軒の『和漢名数』はたいへんな売れ行きである。益軒のほかの道徳的教訓書などの売れ行きは推して知るべきである。

こうした益軒の著書を中心に自らの営業を固めた柳枝軒茨木多左衛門も、元禄の文運にのって成長した書商といってよいであろう。

初代多左衛門は、丹波より京都に出て書商を開業し、後世にまで名をなした柳枝軒茨木

（茨城とも書く）の基礎を確立して、元禄十四年（一七〇一）に没している。元禄九年刊の『増益書籍目録』によれば、儒学書類二十七点、仏書十二点、医学書四点、仮名書きの書十三点、計五十六点となっており、『韻府古篆選』十六匁（唐紙使用の上製本は三十匁）や、水戸徳川光圀から開版売り出しをまかせられた『参考太平記』百七匁を除けば、ほとんど十匁にも満たない、比較的安いものを出版している。京都では中層に属するといってよい書商であった。その後、二十数年をへた享保年間の同店の蔵板目録（自分の店で版権をもち、いつでも注文に応じて売り出せる本の目録）をみると、蔵板書合計二百五十点をかぞえ、たいへんな進歩を示している。注目されることは、この享保の蔵板目録には、元禄期までに開版した仏書類は一つも記載されていないことである。

かわって貝原益軒、井沢長秀、西川如見三者の著書を独占的に開板している。なかでも、「近年和国の故に骨を折り和書をあまた述べらる」る人として例の『元禄大平記』にもでてくる益軒の著書をほとんど独占している。

元禄九年書目によって、益軒とその甥・好古の著書の板元をみると、吉野屋徳兵衛、長尾平兵衛、大井七郎兵衛、武村市兵衛、万屋喜兵衛、村上勘左衛門など多くの書商に分散していて、一つの本屋が特に独占しているというわけではなかった。然るに、元禄末には、それらの板元は多く柳枝軒となっており、享保六年（一七二一）、同店の「貝原先生編述目次」には、三十五点の書物があがっている。その中の『和漢事始』は元禄十年（一六九七）に長尾・大井・水谷・上島の相板によって刊行されたものであった。また『和漢名数』『同続名数』は長尾・大井の相板で刊行されたものであり、『和爾雅』は元禄二年（一六八九）に長尾・大井が相板で出したものであった。柳枝軒は、武村や村上など京都大書商の手をも断って、益軒著書の板権を買い集めたのである。しかも当主多左衛門は、稿本獲得にきわめて熱心で、益軒や西川如見に直接、ぜひ先生の著書を開板させてくださいと頼んだことが、本のことわり書きに書いている。

「天下の民は我と同じく、天地の子なるゆゑに、即是《すなわちこれ》わが兄弟なり」（『和俗童子訓』）という益軒のヒューマンな心が、庶民向けの仮名教訓書にこめられている。こうした心と自らの人生体験にもとづいて書かれた益軒の教訓書は、実生活を倫理的確信でうらづけ、女子の教育にも役立てようとする人々にぴったりであったのであろう。河内農村の富農商の蔵書には、必ず『大和俗訓』『和俗童子訓』『五常訓』『養生訓』などがはいっていた。

柳枝軒は、宮崎安貞が四十年にわたる調査の結果書きあげた『農業全書』を刊行した。日本における最初の、そして最もすぐれた農書の刊行である。この出版を斡旋したのが益軒であった。そしてこの本は、つぎのような抱負をもって刊行された。「これが刊行されれば、三都洛陽の紙価を高めるであろう。今この開板の事業をおえた。村々の老農たちは争ってこれを求め、農桑の術向上に役立ててくれるにちがいない」(『農業全書』後序、貝原好古)

柳枝軒は、元禄期の文化の新動向をよく見ぬき、啓蒙感覚を保持しながら出版を展開した書商であったといえよう。

八文字屋本にみる元禄期出版の特色

元禄時代の厖大な読者の成立と、新興書商による読者の発見は、出版経営における新しい特色を生み出してきたわけであるが、その特色を、すべて吸収して成功を納めたのが、京都の八文字屋八左衛門であった。

八文字屋が刊行した浮世草子を文学史上、八文字屋本といっている。元禄末から享保元文の頃まで(一七〇〇年前後から一七三〇年代まで)が、その全盛期である。小説史における八文字屋本時代といってもよいであろう。江戸時代二百六十七年間を通じて、出版史上、一書物屋の名前をもって、作品群の名称となしうる時代はほかにない。八文字屋はそれほど特色ある経営を展開したのである。

八文字屋は、元禄新興書商の特色をどのように吸収して発展したのであろうか。改めて、元禄期出版の特色を整理すると、つぎのようなことであろう。

①庶民向けの書物の新形式をつくり進展させたこと。②好色性をもたせること。③生活における実用性をもたせること。④教訓性をもりこむこと。⑤積極的な販売策をたてること。⑥稿本の積極的確保、できれば有能な作者の独占。⑦綜合してみれば、読者の期待を見定め、商品価値の高い本を積極的に出そうとすること、になろう。

八文字屋八左衛門は、安藤氏、号は自笑《じしょう》。京都麩《ふ》屋《や》町通誓願寺下ルに店を構えていた。先代、すなわち初代八左衛門は、古く慶安四年（一六五一）に説経正本『しんとく丸』を出しているという。以来、説経や浄瑠璃の正本を出版する店として、山本九兵衛や鶴屋喜右衛門に追随していた。元禄にはいって、上演されている歌舞伎の筋や演技を絵入りで紹介する、絵入り狂言本の刊行をはじめた。浄瑠璃本刊行では山本九兵衛が優勢であった。八文字屋は、浄瑠璃本にしがみつくことをやめて新分野を開拓したのである。これは、まさに、前述した元禄新興書商の特色①にあたることであろう。文字を解する者であれば誰が読んでもわかる、仮名書きの、しかもやわらかな文体であること、現実に取材し、しかも納得のいく解釈、論評をしてみせること、いずれも庶民むけには必要なことである。八文字屋が絵入り狂言本を刊行し、さらに歌舞伎の役者評判記を刊行するのは、この方向にそう営業の展開であった。以後、役者評判記は、他店の追随を許さぬ八文字屋独得の出版物となるのである。

其磧と横本

②の好色性も元禄書商の武器の一つであった。八文字屋は元禄十四年(一七〇一)、『けいせい色三味線』横本五巻五冊を刊行した。作者名はないが江島其磧《えじまきせき》の作であることは確かだ。これ以後、一世を風靡する作家其磧の浮世草子第一作である。傾城買のさまざまをえがいたもので、西鶴をまねている所が多い。好色性がみたされていることはもちろんである。これはたちまちベストセラーとなった。『色三味線』の書物としての体裁は、半紙本を二つにした横本仕立てで十一センチ×十六・五センチほどの大きさ、現代出版において新書判が登場したときのような斬新な感覚をもっていた。この横本仕立ては、すでに役者評判記で試みられていたものを浮世草子にも使ったのである。①の特色にそいつつ、⑦の商品としての価値を高める新形式の工夫であろう。しかも『色三味線』は、平たい字体で、一頁あたりの字数も多く、印刷経費を引き下げることにも成功していた。

こうした八文字屋の役者評判記・浮世草子の作者が江島其磧であった。其磧は村瀬氏、通称は庄左衛門、家号が江島屋。代々、京極通誓願寺門前で大仏餅を売っていた豊かな商家の生まれである。演劇の愛好者である上に、すばらしい文才の持ち主であった。八文字屋は、この江島其磧を専属の作者として丸抱えにしようとした。其磧が書いた作品を、いかにも八文字屋八左衛門が書いたようにして刊行し、出すものみな成功をおさめた。元禄出版の特色⑥⑦を、もっとも典型的に体現しているといえよう。

其磧は、八文字屋に専属作者として丸抱えにされるのに反発して、独立して書商江島屋を興したりもするが、商売のうまい八文字屋にはかなわない。結局はまた八文字屋に抱えこまれてしまう。その間、其磧は「気質物《かたぎもの》」とよばれる浮世草子の作風上の新形式も生み出すが、それも八文字屋商品の特色の一つに吸収され、八文字屋の名を高めることになる。

八文字屋好色本の限界

八文字屋は元禄出版界が生んだ、最も華やかな成功者である。しかし、またその経営や八文字屋本の内容そのものに、元禄文化のもっていた可能性をうけつぐどころか、だめにしてしまう面も色濃くあらわれている点に注目しなければならないであろう。

たとえば、八文字屋の浮世草子群は、西鶴の文学をうけつぎ、さらに発展させるものをもっていたであろうか。中村幸彦氏は、西鶴の創作活動についてつぎのように考察している。西鶴は自己の詩を「自由に基く俳諧の姿を我仕始め」と言った。『好色一代男』は「我仕始め」ようとする自由にもとづく物語の見本ではなかったか。西鶴の『好色一代男』に始まる諸作品は、先行仮名草子の中に発生した、さまざまな小説的要素を貪婪《どんらん》に吸収している。しかし、仮名草子は、教訓性・報道性をもち、文学と違った意味の慰み、というように実用的目的を第一としたので、文学的な顧慮がおろそかであった。その末にでた『好色一代男』は、新しい文学をもりこもうとしたのではなかったかと。また、こうもいっている。「西鶴の心境では『源氏物語』の和歌的な散文詩的文章に対して、新しい恋の物語は、新しい俳諧的な散文詩的文章をもって飾るべきであった」と。したがって、『好色一代男』は、源氏をはじめとする古典物語への対抗意識においてなりたったものであり、「大きな文学的野心の所産」というべきではないかと論じられている。（中村氏「西鶴の創作意識とその推移」『近世小説史の研究』所収）

「芝居事で朽ち果つべき覚悟」との決意で脚本作家となった近松も、文学的野心の持ち主であった。古典の中に深く沈潜し、その中から「その細き一筋をたど」って古典文学の伝統を新しくよみがえらせ、新しい詩境を切りひらいた芭蕉も、古典への対抗の中で自らを確立したのである。

西鶴の好色物は、自らの文学的野心を表出する手段であった。ポルノに通じる好色物とはまったくちがう、人間を見つめる深い目、人間探究の姿勢が、そこにはある。世人の目が、西鶴を好色物の草分けとしてもてはやしているころには、西鶴は別の題材で文学の実験を行なっていた。西鶴に追随し、西鶴にあやかって売ろうとして作られた好色本は何と多かったことか。しかし、これらは、一括して猥雑なポルノでひっくくってしまってもかまわないものである。八文字屋本は、そうした猥雑な好色を遠ざけようとしていた。其磧は西鶴をうけつごうとする意欲をもっていた。しかし、西鶴をうけつぐには、西鶴がかつて保持した、古典と対抗しながら文学的野心をもりこむという精神をうけつがねばならない。其磧にはそれがない。「古人を求めずして古人の求めたる所を求めよ」という教えは、其磧にこそ体現してほしいものであった。

西鶴本の衝撃を起点に、むらがり起こった浮世草子出版の書商は、ただ売れればよいのであった。出版そのもののもつ新文化形成力への期待と意欲が欠落していたのである。少なくとも京都の初期の出版界には、「物《もの》の本《ほん》」出版の誇りと、文運進展への参加意識があった。貝原益軒とくんだ柳枝軒茨木多左衛門にはそれが、まだ見られるような気がする。八文字屋となると、どうか。たしかに、庶民大衆を読者として、かれらの娯楽への欲求に徹底して応えるという経営には新しいものがあった。しかし、そこでは、作者江島其磧を丸抱えにして、商品としての作品を書かせようとする意識が先行している。作者の才能を引き出し、その開花を援けていくという意識は、八文字屋にはなかったのである。

四　出版統制のはじまり

元禄文化の淀み

元禄文化のさまざまな可能性を、新興書商が発展的にうけつぎえなかった状況は、新興書商のせいだけに帰することはできない。第一に、新興書商が、新しい浮世草子という商品を発見し、読者の鉱脈を見出した時には、元禄文化の基底となるべき社会・経済の新潮流に、すでによどみがあらわれていたことに注目しなければならないであろう。

元禄文化の荷い手として重要な役割を果したのは、近世初頭以来の旧い経済機構に切りこみ、自らの才覚と努力とで、大坂で、あるいは江戸で成功をおさめた、新興商人たちである。かれらが、経済界でのしあがってくるのは、元禄年間よりは早い寛文・延宝の時期（一六六一〜八一）であった。かれらは、幕府や大名とむすびついて特権に安住する旧商人をおしのけ、農民の生産する商品的作物を積極的に買い集め、新しい商品に仕立てあげた。領主の手を経た商品（その多くは年貢米だ）に対して商人の手を経た、いわゆる納屋物といわれる商品を増加させ、都市を発達させた。発達しつつあった都市には、旧いものに対する新しいものの息吹きがあった。自由の主張があった。そうした都市の雰囲気の中で西鶴が育ち、近松が育ったのであった。しかし、新興の商人たちは、自らの地位をかちとると、その安定を望むようになるであろう。その端的なあらわれが独占団体、株仲間結成への動きである。やがて、元禄七年（一六九四）の江戸十組問屋、つづいて大坂の二十四組問屋仲間の成立へと結果する。

地位を作りあげ、あたらしい経済秩序を形成しはじめた上層商人は、さらに新しく台頭しようとする者を抑え、秩序の中に入れてしまおうとする。商品生産を拡大しつつあった農民はもっと大きなあおりをうける。問屋仲間は、農民の原料作物を安く買い入れ、高い製品を売りつけることになるであろう。

社会経済の新潮流に、よどみがあらわれたとはこのことである。元禄商人たちは新しい文化感覚を保持し、文化の新しい可能性を生みだし育てていく能力を低下させたのである。たしかに元禄時代は、都市における華やかな文化の展開をみせている。しかし、それは保守化しつつあった上層商人の消費生活の豪華さであった。

第二には、出版業の発達、社会的庶民的コミュニケーションの発展に対する、幕府の強力な統制政策の進展がある。ベストセラーの発生、販売規模の急速なひろがりは、庶民の考え方までコントロールしようとする幕府の方針からみれば、見すごすことのできない社会現象であった。

寛文の出版統制

すでに幕府は寛文年間に、出版統制にのりだしている。最初の統制令は、寛文年間とのみわかっていて、年月は不明である。江戸北町奉行渡辺大隅守が、通油町《とおりあぶらちょう》の板木屋甚四郎を呼び出して、つぎのことを申し渡した。

一、軍書類
一、歌書類
一、暦類

一、好色本類
一、噂事人善悪《うわさごとひとのぜんあく》
其外何によらず、疑わしき板行誂《あつらえ》に参り候はば、御番所（町奉行）へ御伺い申し上げ、御差図次第《おさしずしだい》に仕《つかまつる》べく候。

この申し渡しと同時に、甚四郎は、板木屋仲間をつくるように申しつけられたという。この甚四郎なるものは、江戸板木屋の棟梁であったのであろう。

ところが、この申し渡しが板木屋一同に守られていないというので、寛文十三年（延宝元＝一六七三）の五月に、町奉行は、板木屋だけでなく江戸の町中に触書《ふれがき》を出した。それはつぎのような内容である。

御公儀に関することは申すまでもなく、誰かが迷惑するようなこと、そのほかどのようなことでも珍しいことを本にして出版するときは町奉行所へ申上げて差図《さしず》をうけよ。もし隠れて出版したときは処罰する。

とくに板木屋一同は、この触書を守る誓約書をださせられた。この統制令は、板木屋を対象としているようだが、一般出版業者へも適用されるものであったことはいうまでもない。

貞享元年の取締り令

天和二年(一六八二)には、幕府の立てた高札に「新作の慥《たしか》ならざる書物商売いたすべからざる事」の一文がかかげられた。このように、統制令はたびたびだされたが、貞享元年(一六八四)には、時事的報道の読売《よみうり》(いわゆる瓦版《かわらばん》)、あるいは時事に取材した書物の板行を禁止する触書がだされるにいたった。この貞享元年統制令は元禄十一年(一六九八)、同十六年(一七〇三)、正徳三年(一七一三)とくり返し発令された。その間、「新作の慥《たしか》ならざる書物商売」禁止の高札も、再度かかげられている。

こうしてみると、元禄時代は、なかなかもって言論統制の厳しい時代であったことが察せられよう。とくに江戸の統制が厳しかった。

江戸では、上方で西鶴追随の好色本ブームが起こる以前、枕絵本の類がたくさん刊行されていた。江戸の枕絵本はなんといっても菱川師宣が第一人者であった。林美一氏の『師宣』によると、師宣の枕絵本は延宝四年(一六七六)以後、数十点も刊行され、師宣全作品の半数にも達するという。江戸では、学問教養書など堅い方の本はもっぱら上方書商の出店が販売に当たっていたが、枕絵本は自力生産が行なわれていたのである。延宝のころといえば、明暦大火以後の新しい町造りで、江戸はいちだんと武士の都らしくととのい、関西方面から新しい商人もはいりこんで、活気のある時代であった。あの江戸歌舞伎の代表者、市川団十郎が、十四歳で江戸中村座で初舞台をふんだのが延宝元年（一六七三）であった。こうしたなかで、娯楽的絵本類の大量刊行が行なわれたのである。

浄瑠璃本・お伽草子《とぎぞうし》・仮名草子なども、江戸では刊行されていた。お伽草子とは、室町戦国のころに京都で写本として流行したむかし話の本である。上方の読者とくらべると、江戸は、素朴なものが好まれ、師宣絵本のごとき大らかで直接的視覚にうったえるものがよかったのであろう。やはり、読者としての武士層の好みが反映しているのだと思われる。

大伝馬三丁目の鱗形屋《うろこがたや》からは、古い浄瑠璃の本がたくさん刊行されていた。『ゆり若大臣』『しんとく丸』『さんせう太夫』などである。それから酒田金平《きんぴら》を主人公として、金平の剛勇無双ぶりを描く金平浄瑠璃の本など。

長谷川町横町の松会三四郎は、一六五〇年代の承応から元禄までの五十年間に、二百点にのぼる書物を刊行したが、堅い学問の本も、やわらかい方の本も、とりまぜて出版している。

一六六〇年代、寛文年間のころから江戸の出版がだんだんとさかんになると、京都の有力書商はつぎつぎと江戸に出店をかまえるようになった。京都で印刷された本が江戸へ運ばれ売られる。こうした書物の中には、幕府としては捨てておけない、家康の悪口を書いた本とか、勝手に民間で作った暦とか、世の出来事を報道するような印刷物とかがあらわれてきたのであろう。とくに貞享元年（一六八四）の出版統制令には「当座の替りたる事板行」が禁止されている。幕府が恐れていたのは、世の出来事を報道する文献の出版であった。時事報道は、「知らしむべからず依らしむべし」という幕府の方針にそむくものであり、報道はまた出来事についての論評をふくんでくる。その論評は支配者に対する批判につながってくるであろう。こうしたことに対する警戒が貞享元年に出版統制令となってでてきたのである。その背景には寛文以来の出版業の発展があること、庶民的コミュニケーションの活発な展開があることはもちろんだが、当時の綱吉の政治に対する不満がつのり、さまざまな批判的流言が流れるという状況があった。

綱吉登場

五代将軍綱吉の登場は延宝八年（一六八〇）であるが、衝撃的な政策をつぎつぎとうちだした。まず、大老酒井忠清を罷免した。忠清は家綱時代の大老として実権をにぎり、下馬将《げばしょう》軍《ぐん》（江戸城の大手門の前、下馬表に屋敷をかまえる権力者という意）との異名をとっていた実力者である。忠清は失意のなかで間もなく没した。忠清がなぜ罷免されたかをめぐって、武士の間でも町人の間でも、いろいろな噂が流れた。ついで、越後高田の松平家の内紛に断を下した。松平家では二派にわかれて争いが続いていたのを、酒井忠清がのり出して一応事態をおさめた。しかし、綱吉は、改めて自らこの問題を処理し、高田松平家は領地没収、大目付の渡辺綱貞は事態のさばき方がまずかったとされて八丈島に流された。また、酒井忠清の責任を負わされたのが子の忠挙・忠寛兄弟で、二人も処罰された。忠清の弟忠能は、本家がこんなことになっているのに、自分の身の処し方について将軍に伺いをたてなかったということで、改易《かいえき》にされてしまった。

これでは将軍綱吉、何をしでかすかわかったものでない。諸大名戦々兢々たる有様、改易になって家臣たちもいつ路頭にまようかわからない。結局、綱吉時代に、わずかの落度で、改易・減封に処せられた大名は四十六家、没収された領地は百六十一万石に達した。改易・減封の旗本は百余り、役職をとり上げられたり、閉門にされた直参《じきさん》はおびただしい数にのぼった。

幕政批判の出版物

折しも綱吉登場の年は大凶作、翌年、翌々年とつづき、江戸・京都・大坂には米がはいってこない。餓死者続出の有様であった。綱吉にすれば、平和が続き寛文・延宝の好景気の中で、たるみをみせてきた大名・直参の士気をひきしめ、支配体制の整備をもくろんでのことであったろう。しかし、綱吉の評判の悪さはまた格別であった。幕政批判の噂が横行するのは当然であった。こうした中で、綱吉登場から五年目の貞享元年（一六八四）に出版統制令がだされ、時事報道がとくに厳しく取締られたのである。

それでも、幕府に対する悪口はおさまらない。しかも、貞享二年から生き物を大切にせよとの触がだされ、貞享四年（一六八七）には、あの悪名高い「生類《しょうるい》憐みの令」が本格的な触書となってだされた。人間を大切にしない将軍が、なんで犬猫だけを大切にするのか、悪評さくさくのこの法令は、綱吉が死ぬまで二十二年間にわたって続く。

綱吉政治に対する批判の出版物がでたらもう大変である。元禄四年（一六九一）に、江戸南大工町二丁目（いまの八重洲二丁目あたり）に住んでいた山口宗倫という町医師が死刑にされた。かれの書いた『百人男』という本が、「人の噂わけもなき義共書物に仕立」たものであり、「其上常々行跡よろしからず」という理由である。どんな内容の本であったのかわからないが、明らかに貞享元年出版統制令違犯に問われた事件である。それにしても死刑とはひどい。この事件に関連して、甲府徳川家の能役者三名と絵師桑原和応なる人物も、江戸から追放される刑をうけた。江戸時代の筆禍史の研究で知られている宮武外骨は、宗倫の『百人男』という本は、当時の幕府の役人や市井の人々を小倉百人一首に擬して批評したもので、幕府の痛い所をついていたのではないかといっている。なお宮武外骨は、江戸を追放された桑原和応なる絵師を、多賀朝湖すなわち英一蝶《はなぶさいっちょう》の前身ではないかと考えている。桑原和応が英一蝶だとすると、かれは、元禄十一年にまたまた捕えられ、伊豆三宅島に流されることになる。

『馬のものいひ』

元禄六年（一六九三）、こんどは江戸で『馬のものいひ』なるパンフレットがあらわれて、幕府を大いに狼狽させた。その内容は、馬・犬・狼・鳶・鳩・雀など、将軍に大切にされている生きものたちが集まって、思い思いの気焔をあげて、人をばかにした話をくりひろげるもので、その鳥獣は、それぞれ将軍や老中や大奥の女中たちに擬せられていたという。幕府は、このパンフレットの出所をつきとめようとやっきになり、そのため役人から調書をとられたもの三十五万三千五百八十八名にのぼった。幕府は犯人探索をかねて江戸の人口調査をやったようである。ついに三か月目に犯人が捕えられた。犯人は牢人筑紫園右衛門という者で、江戸中引回しの上、斬首の刑に処せられた。判決文には、園右衛門は、馬がものをいうという虚説をいいふらし、その上、流行病《はやりやまい》よけのまじない札と薬の処方書を作るなど、でたらめを書いてばらまいたというのである。しかし、この判決は事の真相をふせているようだ。犯人の園右衛門も牢人とのみ書かれているが、実は幕臣近藤登之助組与力《よりき》・筑紫新助の弟であった。めぐまれぬ境遇の武士園右衛門が幕政批判の書を出して処刑されたのである。ただし、よほど厳しくこの書は探索され没収されたのであろう。いま実物はどこに残っているかわからない。なお、当時、仕方ばなし（演技をまじえながら面白い話をする芸）の売れっ子として有名であった鹿野武左衛門も、この筑紫園右衛門の一件に関係して伊豆大島に流された。

厳しかった言論統制

元禄時代の江戸は、かくもきびしい言論統制下におかれていたのである。元禄時代といえば、いかにも明るく町人たちが生き生きと活動し、絢爛たる文化を楽しんでいたかの如きイメージをうかべがちであるが、批判がましい言動をとる者は、あっという間に死刑に処せられ、三宅島・大島に流刑、島流しにするという暗黒面を見合わせて文化を理解しなければならない。

言論統制は、とくに江戸において厳しかった。京坂は、はじめはさほどでもなかったようである。しかし、上方浮世草子が、だんだんと現実の事件を題材として報道性を強めてくると、上方にも取締りの手がのびるようになったと思われる。貞享元年の出版取締り令は、元禄十一年（一六九八）、同十六年（一七〇三）、正徳三年（一七一三）と、くり返し発令される。ちょうど、この時代が浮世草子の時事報道性が強くなってきた時代である。こうした統制をうけながらも、現実に取材した物語を執拗に作ったのが近松門左衛門であった。かれの浄瑠璃脚本の多くは、当時起こった実際の事件をとり入れたものであった。心中物などは、すべてそうである。心中物の第一作で、大評判を博した『曾根崎心中』は、事件発生日が元禄十六年四月七日、竹本座上演の初日は五月七日、ちょうど一か月後であった。その後の近松の心中物、敵討物は、いずれも事実に取材したものであった。

幕府は、正徳三年（一七一三）以後、事実小説を強力に取締り、ついで、享保七年（一七二二）の寅年の禁令といわれる本格的出版取締り条目を発令し、享保八年には、男女の心中事件を絵草紙や芝居に仕組むことを禁じた町触を出した。とくに享保八年町触は近松劇の弾圧といってよいであろう。翌年、近松は病没する。

大岡越前守と享保の出版取締り令

享保七年寅年の出版条目とはどんな内容であったか。これは幕末に至るまで、出版取締りの基本法となるのでややくわしくみておこう。享保六年（一七二一）七月、幕府は改革政治の一環として「新規商品停止令」を出したが、書物もまた、ぜいたく品とみられた一般商品と同様に審議の対象となっている。翌閏《うるう》七月になると町奉行大岡越前守・中山出雲守らは狂言本・浄瑠璃本・慰本《なぐさみぼん》・読本など庶民的出版物を他の商品とは切りはなして審議することとした。世上にぜいたくな商品があらわれて、生活がはでになるのは世の乱れのもとになる。だから取締ろうとした。出版物もはじめは、ぜいたく品の一つとして同じように取締ろうとしたのであるが、大岡越前守は出版物は一般商品とはちがう性質がある、別にあつかおうというわけである。そして、寛文以後に出された出版取締り令を整理して、その再検討を行なっている。八月には、一応ほかの諸色諸商人らに対すると同じように、まず書物屋仲間の設立を命じた。

十一月に至って、これまで経済取締りのさまざまな法令をだしたが、新板書物については追って注意をするであろうとしている。同じころに、幕府は荻生徂徠《おぎゅうそらい》点『官刻六諭衍義《りくゆえんぎ》』の板行、「世上売弘」めを江戸の重立《おもだ》ちたる六人の書商に命じている。これをうけたのは、出雲《いずも》寺《じ》和泉掾《いずみのじょう》・西村市郎右衛門・野田太兵衛・大和屋太兵衛・小川彦九郎・須原屋茂兵衛であった。

また当時、本屋で売られていた書物名とその刊行年月・冊数・作者・板元についてくわしい書上を書物屋仲間に命じたのも同じ十一月ごろであった。これは、七千四百四十六点の書物について指定事項が記された十七冊からなる『書物外題目録帳面《しょもつげだいもくろくちょうめん》』（現存しているかどうかわからない）として町奉行へ提出された。以上のような調査・審議過程をふむことによって、町奉行は漸次、出版資本の発展とその政治的意義について認識を深めていったものと思われる。この上に立って、享保七年（一七二二）十一月、本格的な出版条目を出したのである。

この条目は、基本的なものであるから原文のままをルビ付きにしてあげておこう。

享保七寅十一月

一、自今《じこん》新板書物之儀、儒書、仏書、神書、医書、歌書都《すべ》て書物類其筋一通《ひととおり》之事は格別、猥成儀《みだりなるぎ》異《い》説等《せつなど》を取交《とりまぜ》作り出し候儀、堅可レ為二無用一事《かたくむようたるべきこと》

一、只今迄有来《ただいままでありきたり》候板行物之内、好色本之類ハ風俗之為にもよろしからさる儀ニ候間、段々相改、絶板可レ仕《つかまつるべく》候事

一、人々家筋先祖之事なとを、彼是相違之義《かれこれそういのぎ》とも新作之書物ニ書顕《かきあらわ》し、世上致二流布一《せじょうるふいたし》

候儀有レ之候、右之段自今御停止《ごちょうじ》ニ候、若《もし》右之類有レ之、其子孫より訴出《うつたえいで》候ニおゐては、急度《きつと》御吟味《ごぎんみ》可レ有レ之筈《はず》ニ候事

一、何書物《なんのしよもつ》ニよらす此以後《これいご》新板之物、作者幷板元実名、奥書《おくがき》ニ為レ致《いたさせ》可レ申候事

一、権現様《ごんげんさま》（徳川家康のこと）之御儀は勿論《もちろん》、惣《すべ》て御当家之御事板行書本《かきほん》、自今《じこん》無用ニ可レ仕候、無レ拠子細《よんどころなきしさい》も有レ之は、奉行所え訴出指図受《うつたえいでさしずをうけ》可レ申事

右之趣を以、自今新作之書物出候共、遂二吟味一《ぎんみをとげ》可レ致二商売一候、若右定《もしみぎのさだめ》ニ背《そむき》候者有レ之は、奉行所え可二訴出一候、経二数年一相知候共《すうねんをへてあいしれそうろうとも》、其板元、問屋共ニ急度《きつと》可二申付一候、仲間致二吟味一、違犯無レ之様《いはんこれなきよう》ニ可二相心得一候《あいこころうべくそうろう》

これを簡単に解説すれば、つぎのようなことになろう。

第一条は、幕府にとって都合の悪い内容の本は、いいかげんなことや不穏当なことが書いてある本として処断する。

第二条は、好色本はいけない。

第三条で、人々家筋先祖の事を書いてはいけないとあるのは、大名・旗本の先祖についてのことであろう。「大名の過去は野に伏し山に伏し」という川柳があるように、もとをさぐれば多くは百姓出身、あるいは野武士の成り上りの大名のこと、これをあれこれ書物に書か

れては困るのである。

第四条、今後、すべての出版物は最後に、作者名・板元名を実名でいれよ。いままでも、日本の刊行物は、最後に、刊行年月日・著作者名・刊行者名がはいっているが、このスタイルを法律で定めたのが大岡越前守である。

第五条、徳川家・幕府に関することは一切書いてはならない。もしどうしてもということがあれば、町奉行の許可をうけよ。この後、葵の紋が印刷されていただけで絶版処分にされた例がたくさんある。

同年十二月には、世の中の噂や心中事件を出版したり、読売《よみうり》にして売ることについての禁止令が前からあるのに、守られていないとして、厳重な触書がだされた。ついで、享保八年に、近松の心中物などを禁ずる、心中事件の脚本化・上演の禁止令が出されるのである。

書物屋仲間による規制

以上のように、出版取締りが強化されると同時に、書物屋仲間の結成が行なわれた。本来、幕府は、商人の仲間結成を禁止する政策をとっていた。明暦三年（一六五七）の町触のなかに、「諸商人中ヶ間申合停止」の令があった。独占団体ができると都市の諸商売が繁昌しなくなるという考えであった。しかし、元禄年間になって、一般商人について、江戸の十組問屋仲間、大坂の二十四組問屋仲間を認め、享保にはいって、本屋にも仲間を認め、とくに江戸の本屋については、町奉行から仲間結成を命じている。

本屋仲間が公認された最初は、京都においてである。正徳六年（一七一六＝享保元年）のことであった。当時の仲間員数は約二百軒であった。京都の本屋たちは、出版物が増加し、本屋商売を営む者がふえてくると、いきおい、すでに他人が出している書物とそっくり同じものを印刷して売ったり、一部だけを変えて売り出したりする者が多くなった。寛永以来の京都出版業は、中国渡来の仏書、儒書、医書や歴史書、日本の古典文学の書物など、何でも印刷にしてしまう形で発展した。論語や孟子は何種類も売られたし、太平記や徒然草も、資力があれば誰が出してもかまわなかった。

重板・類板禁止の申し合わせ

しかし、『史記評林』『圓機活法』を八尾と小紅屋両方で売り出して、ともに衰えてしまうというような事件がおき、新しい著作物を出版したら、すぐに海賊版を出されてしまうということが重なってくると、本屋たちは何とかしなければと考えるようになった。そこで、他店の書物と同じものを出版することを重板、少し変えただけで出版することを類板と名付け、これは禁止しようと申し合わせをした。その本についての出版の権利を認め合おうというわけである。その権利を板株（いまでいう版権）といい、ある本について板株を所有していることを蔵板といった。大坂の本屋の間でも同じ問題でなやんでいた。そして、京・大坂とも町奉行に請願した結果、元禄十一年に重板類板禁止の町触が出されたのである。

京都の本屋たちは、元禄のころには、内々で仲間を結び、行司（仲間内の世話役、ただし取締りの権限を仲間内で認められている）をえらんでいた。ところが、幕府が出版取締りの命令を出すとき、とくに念をおして命令を守らせるため、京都本屋仲間の行司を呼んで、それを言いつけるようになった。その最初が、正徳六年（享保元年）なのである。こうなると幕府の命令にそむく者や、重板・類板をやった者は、仲間の制裁を公然とうけるようになる。このことはまた板株の公認でもあった。

京都における板株と仲間行司の権限の公認は、新興の出版業者の多い大坂にも影響を及ぼす。もはや、京都に対して勝手なことはできない。上方出版業界は急速に、いわば保守的秩序でつらぬかれることになった。大坂の本屋仲間の公認は享保八年で、初めの仲間員数は二十四軒であった。

江戸町奉行大岡越前守は、さすがに有能な官僚である。ただ単に書物屋の活動を封じこめるのではない、これに仲間を作らせて自己規制をさせる、同時に、幕府政策の宣伝機関の役割をもたせようとした。

江戸書物屋仲間の公認は享保六年（一七二一）八月である。仲間員四十七軒。さっそく、仲間のおもだった者に、父母への孝順、目上尊敬、近隣和睦などを説いた道徳教訓の書『六《りく》諭衍義《ゆえんぎ》』を刊行させ、さらにこれを仮名書きでやさしくした『六諭衍義大意』を刊行させた。これを江戸中の寺子屋の師匠に与えて、教科書とするように命じ、また諸国に売り弘めさせた。幕府はまた『五常和解』『普救類方』『仁風一覧』などの書物を書物屋仲間に刊行資金を与えて出版させた。これらの本は官板といわれ、地方の庄屋などは珍しいものとして買っている。例の河内日下村の庄屋の日記にも、買ったことがでているし、柏原村三田家の蔵書の中にも加えられていたのである。

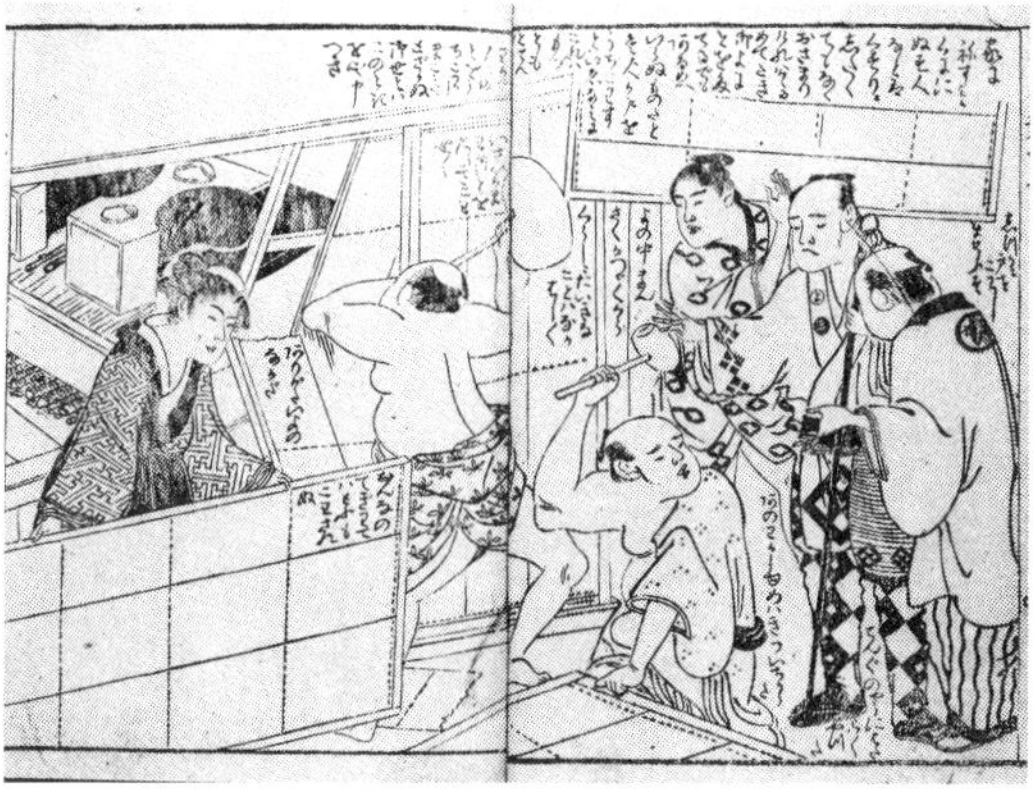

［前頁図］
諷刺の黄表紙　蔦重ベストセラーのひとつ，唐来参和（とうらいさんな）作『天下一面鏡梅鉢（てんがいちめんかがみのうめばち）』からとったもの。このたわいのない絵に松平定信は怒った。痛烈な諷刺がこめられていたからである。どんな諷刺か，本文中の説明（p.157）をごらん願いたい。（東京都立中央図書館加賀文庫蔵）

一　上方に対抗する江戸出版界

江戸の書物屋仲間

江戸の書物屋仲間は、元禄のころから作られてきたものであろうか。そのはじめははっきりしない。通町組と中通組の二つに分れていたということである。通町組というのは、十軒店辺通町（いまの日本橋室町三丁目から京橋までの中央通り辺）の書物屋組合、中通組は、万町青物町辺（いまの日本橋一丁目東側あたり）の書物屋組合であった。

享保十二年（一七二七）に、中通組の中から、九人の者が別れて新たに組をつくり、南組と称した。かくて江戸書物屋仲間は、天保改革による解散の時（一八四一）まで、通町・中通・南の三組で構成された。

仲間行司が選出され、運営に当たった。行司には二名が選ばれた。はじめの頃は、西鶴本や八文字屋本など上方浮世草子の江戸販売権をにぎっていた松葉軒万屋清兵衛と、柳枝軒茨木多左衛門の江戸出店、小川彦九郎が行司となり、以後、宝暦（一七五〇年代）まで、三十年間も行司の地位を握った。かれらは、書物改役行司といわれ、仲間員が刊行する書物が出版条目に違犯していないか、重板・類板を犯していないかを一点ごとに目を通し改めるのである。よろしいとなれば江戸町年寄奈良屋市右衛門へ報告し、出版を許可する。京坂で出版され、江戸に送られてきた書物も入念に改め、支障がなければ売り弘めを許可する。だから、書物屋仲間の行司というのは、絶大な権限の持ち主であった。

こうして江戸書物屋仲間ができ、出版界の秩序も安定したかに見えたが、寛延三年（一七五〇）になって、江戸書物屋内が二つに分れて大変な対立抗争がおきた。さらにその一方に京坂の書物屋仲間が味方をしたので、騒ぎはいっそう大きくなった。

上方書商の出店と江戸地店の抗争

この対立抗争の発端はこうである。

寛延三年（一七五〇）三月、江戸書林は三組惣仲間寄合をもった。議題は、重板・類板取締りに関することであった。

これより早く、京・江戸書商間に『楚辞王逸註《そじおういつちゅう》』という本をめぐって係争事件がおきた。この本の元板《もとはん》（版権と板木と両方を意味する）所有者は京都の臨泉堂文台屋中村治郎兵衛であったのだが、江戸の前川六左衛門が出版した『楚辞王逸註』が類板につき元板差構い（版権侵害）の訴訟が起こされたのであった。この年二月、公儀の手をへてようやく落着した。

江戸書物屋仲間においては、享保十二年（一七二七）三月に「前以て仲間申合せの如く重板、類板は堅く致す間敷候、似寄《により》候新板物は元板と相対致させ割印（板行売出し許可の印）遣《つかわし》可レ申、或は外題《げだい》を替へ候書は先規《せんき》の外題も書留置可レ申候事」と仲間行司より通達を流しており、重板・類板は当然の禁止事項とされていた。寛延三年三月の惣仲間寄合は、『楚辞王逸註』類板一件落着を機に、重・類板禁止をさらに徹底させようという趣旨で開かれたのである。

ところが、この席上、江戸書物屋仲間三組のうち南組の人々は、重板禁止はもっともなことだが、類板禁止の申合せは廃止すべきであると強硬に主張し、寄合は混乱におちいった。この南組の主張に、通町組・中通組からも同調する者が現われ、当時十六名にすぎなかった南組は三十二名へと増加し、通町・中通両組合わせて二十五名に対し、圧倒的勢力を占めるに至った。

南組は、三月二十八日、類板は版権侵害とみなされないとの法令を出すように、江戸町奉行に訴訟をおこした。かれらの言い分はつぎの通りである。

享保七年御公儀より仰付けられた出版の法度条目は堅く守っております。以来、新板物の改めについては書物問屋どもへ仰付けられましたので、行司が立会ってご法度の書は申すに及ばず、重板の禁を犯していないか吟味をしております。類板書の板行については差構《さしかま》い（版権侵害）なく板行売出し許可の割印をうけてまいりました。ところが今度、「上方出店の者」並びに「内縁有レ之候者《ないえんこれありそうろうもの》」どもは類板板行はいけないといい出しました。百人一首や節用集などは同じような本が幾種類も板行されておりますが、その作者が工夫をこらして書いた所や、あるいは註釈のつけ方の違いがあれば、これは類書であっても差構いにはならないはずです。上方でもこのような似た本の出版は毎年数多く行なわれております。御当地江戸でも仲間で定めた法式によって類書差構いかそうでないか判定してきました。ところが通町・中通両組の者どもは「京都之格式」などと勝手なことばかり申立てて「地店《じみせ》之申合」せはいっこうに用いません。このようなことでは、今後、御当地で書物を板行することはむずかしくなり「地店大勢之者ひしと差支渇命及《さしつかえかつめいにおよ》び」難儀いたします。「地店之法式」を用いて、御当地での「商売の体《てい》」を組合が宜しく立てていかねばならないのに「上方出店之者」どもがかれこれ差滞《さしとどこお》らせる様なことを致すのは心得がたいことです。なにとぞ「地店一統の申合」せをもって、今後いざこざのないように御吟味の上しかるべく仰せ付けて下さい。

南組の類板差構い廃止運動は、上方書商の「出店」あるいは「内縁有レ之候者」の支配に対する「江戸地店」の反逆抗争であったことは明らかである。

江戸の本屋の実態

さて、このようにいがみ合いをはじめた、上方書商の出店と、江戸地店とは、これまでどんな関係にあったのであろうか。これについては、貞享四年（一六八七）刊『江戸鹿乃子《かのこ》』という江戸の案内書をみていただこう。この本の巻の六に、江戸の書物屋がつぎのように紹介されている。

唐《とう》本《ほん》屋　呉服町一丁目　山形屋太兵衛

書《かき》本《ほん》屋　京橋南三丁目　林　文　蔵（京今出川通 林　和泉）

新橋南一丁目　彦兵衛

三十軒堀三丁目　木戸　茂兵衛

書《しょ》物《もつ》屋　日本橋二丁目　中野　仁兵衛（京寺町五条 中野五郎左衛門）

芝神明前　中野　佐太郎（右同）

京橋南三丁目　林　文蔵　（前出）
神田鍛冶町　秋田屋　常知　（京寺町円福寺前通 秋田屋平左衛門）
通乗物町　中野　孫三郎　（中野五郎左衛門）
同　所　前川　権兵衛　（京寺町二条 前川権兵衛）
通銀町　村上　又三郎　（京二条車屋町 村上勘兵衛）
石町三丁目通　中村　五兵衛　（京寺町二条下ル 中村五兵衛）
同　所　野田　重兵衛　（同所 野田弥兵衛）
同　所　ふや五郎兵衛　（京三条通菱屋町 麩屋仁兵衛）
本通三丁目通　西村又右衛門　（京寺町誓願寺前 西村又左衛門）
本両かへ町河岸　ふや　平兵衛　（麩屋仁兵衛）
京橋南一丁目　日下部八右衛門
同　四丁目　渡辺善右衛門
神　明　前　八尾五郎右衛門　（京寺町通本能寺町 八尾甚四郎）
京橋南四丁目　小林太郎兵衛

浄瑠璃本屋

大伝馬町三丁目　山本九左衛門　（京二条通寺町西入ル 山本久兵衛）

同　　所　　　　うろこがたや三左衛門
長谷川町横町　　松会　三四郎
通　油　町　　　鶴屋喜右衛門　（京二条通御幸町西入ル 鶴屋喜右衛門）
同　　所　　　　山形屋市郎右衛門

右の名簿中の下段のカッコ内の京都書商名は京都本店であろうと思われる店名を上げてみたものである。

一目でおわかりいただけるであろう。貞享・元禄のころの江戸出版界は、京都大書商の出店、あるいは上方縁故の者が支配していたのである。江戸は、厖大な蔵板書をかかえる京都大書商の独占的市場であったのである。

元禄二年（一六八九）に『江戸惣鹿子』が大坂書林市兵衛板として刊行されたが、これにも書物屋の紹介がなされている。ところが、この本には先の『江戸鹿乃子』に登場した書商につけ加えて、新たにつぎの者が記載されている。

川瀬石町横町　いせや清兵衛　　同　所　　村上源兵衛
同　所　　　　山口屋権兵衛　　左内町横町　近江屋三左衛門
同　所　　　　みすや仁兵衛　　同　所　　山口屋二郎右衛門

同　所　　須原屋茂兵衛　　同　所　　村上五郎兵衛
青物町　　伏見屋兵左衛門　　同　所　　いせや与惣兵衛
同　所　　利倉屋喜兵衛　　万町横町角　　万や清兵衛

以上十二名である。さらに元禄五年刊『諸国万買物調宝記』の『江戸ニテ書林之項』には、さらに日本橋一丁目大野木市兵衛が加えられ、「其外下谷池のはたに多し」と註されている。

これら新たに登場した者のうち、村上を名のる二店は、あるいは京都村上勘兵衛縁故の者とも思われる。また、大野木市兵衛は明らかに大坂の秋田屋大野木市兵衛の出店であろう。しかし、大野木を除いては、日本橋通一・二丁目の表通りに対して裏通りになる所に店を構えているあたり、下層ないし新興の書商のような印象である。なかでも須原屋茂兵衛という名前に注意していただきたい。やがてかれは日本橋通一丁目へと店を構えることになる。また利倉屋喜兵衛は、戸倉屋喜兵衛のまちがいであろう。戸倉屋が正しいとすれば、かれもやがて日本橋通南三丁目へと進出する。実はこの二人が、類板はかまわないではないか、類板禁止とは実は上方書商のゆきすぎた権利の主張にほかならないと主張する、江戸地店＝南組の中心人物なのである。

類板禁止を主張した上方書商の勝訴

南組の類板禁止撤廃運動に対し、上方出店の者、あるいは上方縁故の者でかためられている中通・通町両組行司（小川彦九郎と万屋清兵衛の二人）は、すぐに京坂の書物屋仲間に応援を求めた。事態は、上方書商対江戸地店書商の対立抗争へと展開した。

訴えをうけた江戸町奉行は南組の言い分をいかにうけとったか。

重板・類板禁止についてはこれまで町奉行として触を出したことはない。また、博識の者が妥当なる見識をもって書物を著わしたとき、重・類板は禁止であると出版させないようなことがあっては、「事狭《ことぜま》に相成御成務にも相拘はり又者学者之為にも不㆓相成㆒事故僅《わずかに》三ケ津《さんがのつ》（京・坂・江戸）書物屋共渡世の障《さわり》に相成候共天下諸人之為には相替られ間《ま》敷候《じくそうろう》」。

すなわち、教化政策の観点からは類板差支えなしの意向であった。また、「南組殊之外強気《ことのほかきょうき》」ということもあって、一時は、江戸地店書商（南組）の勝訴になるかと思われたが、上方書商が防戦これ努めた結果、ついに江戸南組の敗訴に終わるのである。

上方書商側の陳弁《ちんべん》はいかなるものか、その要点をあげてみよう。

(1)　御見識の方々著述のもの世間に流行した場合、少しばかりの註頭書などを加えて何軒ででも我儘《わがまま》に類板差構いなしとして板行したならば、せっかくの書物も埒《らち》もないものになってしまうであろう。

(2) 古くから刊行されている書物が、世上のためと称して、実は売買利徳のために抜書き本など板行されては難渋する。元板所有者がその書物の板行だけで数年も渡世ができるような品の類板をみだりに方々で板行されては、数十年も家業を続けてきた我々は甚だ困窮する。

(3) 江戸でも毎年板行される書物数が増加し、流行の書も多く江戸で開板されている。重・類板でない書物が年々五十品・六十品ずつでているので江戸地店が困るという道理はない。

(4) 類板差構いなしということになったならば、誰でも我儘に板行するようになろう。その上、いろいろと名を替え品を替えて「端之者《はしのもの》共内々にて」重板の禁を犯すようになり、三ヶ津の元板所有者はひしと困窮し争論は絶えず「人々我儘のみ」になるであろう。結局、類板は元板所有者の困窮に加えて「端之者共」＝下層書商（あるいは仲間外の小売書物屋・貸本屋など）の秘密出版、違法売買をたすけることになり、ひいてはお上の考える文化秩序の混乱を招くことになりかねないとする上方書商の陳弁が勝ったのである。

江戸南組の発展

江戸で自分の努力で育ってきた地店の書商たち＝南組は、たたかいに敗れたとはいえ、この寛延の抗争事件をきっかけとして、急速に発展するのである。

南組に所属して、たたかった人々はどんな人たちで、どんな発展を展開するのであろうか。

この時の南組のメンバーはつぎの十六名である。

太田屋庄右衛門　須原屋　茂兵衛　戸倉屋　喜兵衛
（須原屋）小林　新兵衛　須原屋平左衛門　竹川　藤兵衛
松本　新六　須原屋四郎兵衛　前川六左衛門
池田屋　源助　須原屋　太兵衛　川村源左衛門
鱗形屋　孫二郎　村田　小兵衛　小林　重兵衛
須原屋　安兵衛

以上　十六名

さらに文化六年（一八〇九）現在の江戸南組の名簿をあげよう。

須原屋　茂兵衛　須原屋　市兵衛　須原屋　善五郎

須原屋　与　助
須原屋　平　助
鴨　　　伊兵衛
和泉屋　新　八
高　橋　与惣次
前　川六左衛門
雁　屋　伊兵衛
堀野屋　儀　助

須原屋　伊　八
(須原屋)小　林　新兵衛
石　井　理　吉
岡田屋　嘉　七
近江屋　与兵衛
前　川　弥兵衛
須原屋　文五郎

須原屋　孫　七(幼年ニ付善五郎方同居)
大和田　安兵衛
和泉屋　吉兵衛
小　林　長兵衛
経師屋　治兵衛
浅　倉　久兵衛
大和田　忠　助

以上　二十五名

須原屋一統

寛延期から文化年間に至る七十年の間に、南組内部に相当の変動があるにもかかわらず、寛延期には六軒、文化期には九軒ののれん内をかかえている須原屋一統が注目されよう。この須原屋をもって南組の主導権をにぎるものとしたい。須原屋一統の中心は千鐘房須原屋茂兵衛であり、日本橋通一丁目久兵衛《きゅうべえ》店《だな》に業を営んでいた。彼については後でのべるとして、いま二、三の特色ある書商について見ておこう。

寛延期抗争の発端になった問題の類板書『楚辞王逸註』を発行したのが前川六左衛門である。家号は崇文堂《すうぶんどう》、江戸日本橋南三丁目（のち南鞘町・新右衛門町などにも移ったことがある）に店を構えていた。前川といえば平楽寺村上勘兵衛とともに高野山御用の特権を確保していた京都の前川権兵衛（元禄十一年すでに百九十点の蔵板をもつ）が通乗物町《とおりのりものちょう》に江戸出店を出しているが、六左衛門はこれと関係はないらしい。六左衛門は寛延二年（一七四九）十二月には漢鄭氏撰『詩経古註』（全十冊）を、竹川藤兵衛・浅倉久兵衛・山城屋茂左衛門・藤木久市らと相板で出しており、この書も『楚辞王逸註』と同様、京都仲間から類板書として売買を拒否されている。さらに宝暦八年（一七五八）には井上通照校訂の『易古註』（全五冊）を須原屋茂兵衛と相板で売出し、これまた京都仲間は売買を拒否した。いうなれば前川六左衛門は、上方書商に対する最も反逆的な書商であった。その後崇文堂は室鳩巣《むろきゅうそう》の『駿台雑話《すんだいざつわ》』『鳩巣文集』前・後編、同補遺、井上蘭台《いのうえらんだい》校訂の『周易古註』、徂徠《そらい》撰の『度量衡考《どりょうこうこう》』、戸崎淡園《とざきたんえん》の『古今詩雋《ここんしせん》』、あるいは服部南郭《はっとりなんかく》の書など天明年間に至るまで百二十点ほどの学問書を刊行するのである。

須原屋小林新兵衛も特色ある書商であった。家号は嵩山房《すうざんぼう》、日本橋通二丁目に業を営んでいた。蘐園《けんえん》学派（古文辞学派）に出入りし、徂徠・春台・南郭らの著書を多く刊行して有名であった。家号嵩山房の由来について原念斎《はらねんさい》『先哲叢談』に「書商小林新兵衛、徂徠に請《こ》うて曰く、小子家号なし、願はくは先生焉《これ》を命ぜよと、徂徠笑て曰く、書賈《しょか》（本屋）の吾が門に出入する者五人あり、而《しか》して爾《なんじ》が鬻《ひさ》ぐ所の価《あたい》最も高し、猶《なお》嵩山の五嶽《ごがく》におけるが如し、よろしく嵩山房と名づくべし」とある。蘐園学派の興隆に代表される江戸学界の発展、詩酒風流の文人社会の伸展が江戸書商の急速な台頭の背景となっていたのである。徂徠の『政談《せいだん》』などは書本《かきほん》の秘書として新兵衛らの手によって案外高価に売られていたのではあるまいか。将軍吉宗の側近加納《かのう》遠江守久通《ひさみち》が『経済録』を将軍に献ぜんとして春台に清書献上をさせようとして、春台からことわられた話が知られているが、間に立っていたのが小林新兵衛であったという。気むづかしやの春台にとって新兵衛は気楽な話し相手であった。新兵衛は春台の『聖学問答』『詩書古伝』『論語古訓』『同外伝』『和読要領』『弁道書』『孔子家語増註』などを上梓した。『孔子家語増註』は京都書林仲間から類板書として売買を拒否された。

ほかに嵩山房発刊の書は『徂徠先生学則』『唐後詩』『南郭先生文集』初篇・二篇・三篇、『唐詩品彙』『大東世語』（南郭）、『東野遺稿』『李滄溟尺牘』（田中蘭陵校訂）など徂徠学派の書が多い。なかでも南郭校訂の『唐詩選』は江戸時代第一のベストセラーとなった。すでに宝暦年中に「江戸の書舗《しょほ》嵩山房、服南郭《ふくなんかく》が校せる唐詩選を刻す。其の兌発《だはつ》のはじめ、一千部を鬻《ひさ》ぎ了り、其比年より販《う》る所二三千を下らず」（『先哲叢談』後編、新井白蛾の言）という評判であった。南川維遷《みなみかわいせん》の『閑散余録』（明和七年〔一七七〇〕）には「四十年来ニ板行セル書籍ノ内ニ大ニ行ハレタル事唐詩選ニ及フモノナシ、原板享保九年甲辰正月、再板寛保三年癸亥正月、三板延享二年乙丑五月、四板宝暦三年癸酉正月、五板同十一年辛巳五月、六板明和二年乙酉三月、此ノ如ク度々改刻セリ」と述べている。その後も明和六年・安永四年・九年と板を重ね、とくに明和以降は『唐詩選片カナ付』『唐詩選唐音付』『唐詩選余言』『唐詩選夷考』『箋註唐詩選』『唐詩選かるた』『唐詩選画本』『唐詩選和訓』『唐詩選余師』など、枚挙にいとまもない唐詩選パレードをくりひろげることになる。以上あげたうち画本・和訓・余師は天明七年（一七八七）二月家業をついだ新兵衛高英の著である。

寛政八年（一七九六）高英は、嵩山房の今日の隆盛あるは蘐園学派のおかげであることをしのびつつ、ちょうど太宰春台の五十忌に当たっていたので、江戸谷中天眼寺の春台の墓のかたわらに小さな碑を建て、その恩に浴するの記を刻した。この小碑はいまもある。

須原屋一統の中でも個性的な役割を果たした申椒堂《しんしょうどう》須原屋市兵衛についても注目せねば、江戸出版界の発展の具体相はうかんでこない。かれについては節を改めてのべようと思う。

江戸書物問屋の変遷

以上のような寛延以降の江戸書物問屋の活動推移を数量面で示したのが百十七・百十八頁のグラフである。さしあたりつぎのことを指摘しておきたいと思う。

(1)　第四・五期（寛延三～宝暦九年〔一七五〇～五九〕）の一七五〇年代の三都における出版の急激な増加――六割以上の増加率――が注目される。第三期は図の註にも示したように正味六年分の合計なのであるから、第四期の五百九十五点（江戸出版物＋上方出版物）は、まさに爆発的増大なのである。都市における書籍需要の急速な進展を窺いうる。

(2)　天明期の社会的混乱で一時出版界は停滞するが、寛政期に入って急速に回復し、江戸の出版が上方を完全に追いこす。しかし、第五期（宝暦五～九年〔一七五五～五九〕）に江戸出版が上方を上まわってくるので、すでに宝暦期に江戸出版業の主体性が成立し、漸次向上して寛政期に明確になったと考えてもよいであろう。

(3)　第十六期（文化七～十一年〔一八一〇～一四〕）に至って江戸出版点数が四百五十九点をかぞえ、江戸出版界の成熟ぶりを窺うことができる。

さらに百十八頁のグラフをみていただきたい。明和～天明の時期に、上方書商の出店が、

江戸における出版書・売弘書点数の変遷

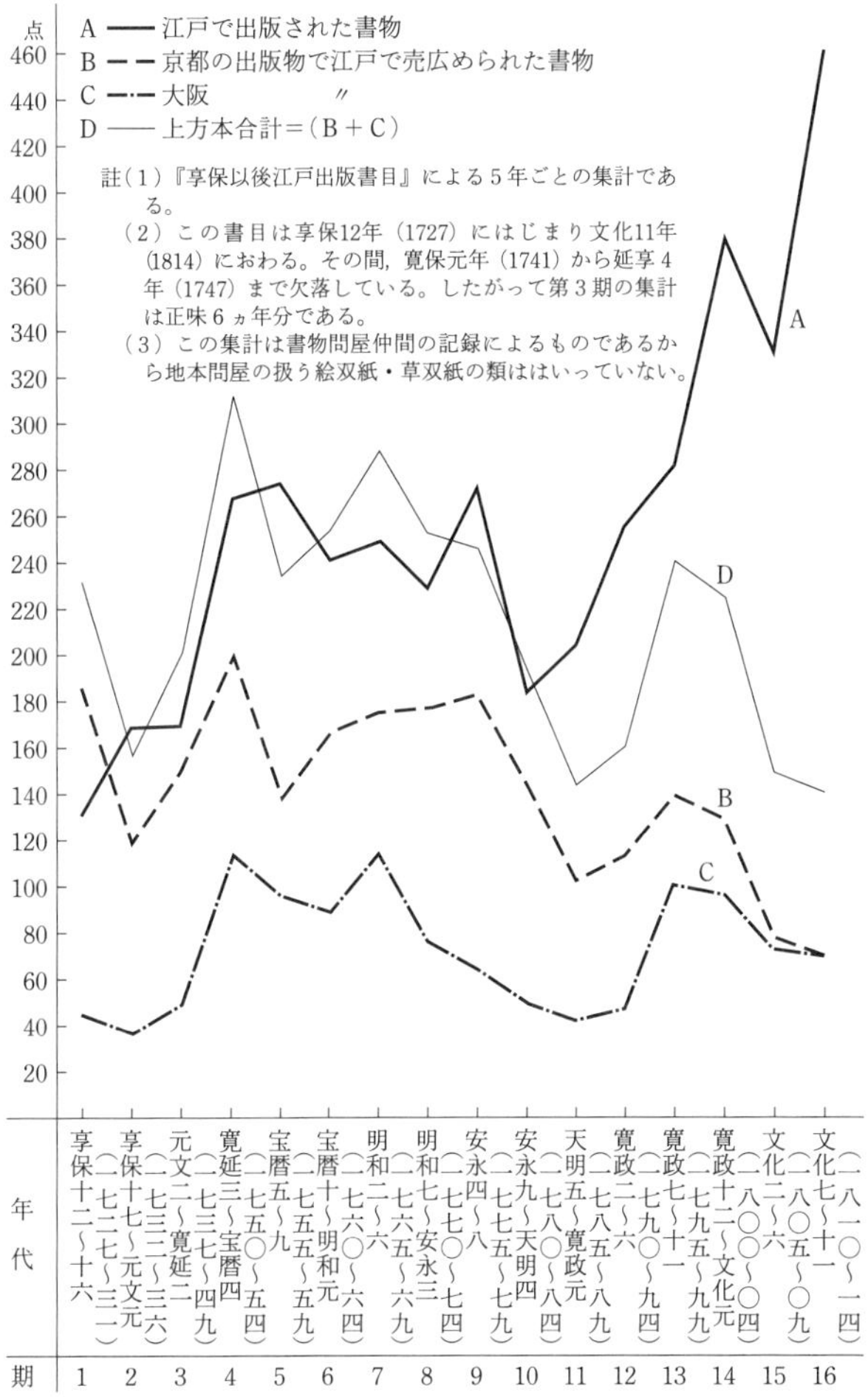
点
A ━━ 江戸で出版された書物
B ━ ━ 京都の出版物で江戸で売広められた書物
C ━・━ 大阪　〃
D ―― 上方本合計＝(B＋C)
註(1)『享保以後江戸出版書目』による5年ごとの集計である。
(2) この書目は享保12年(1727)にはじまり文化11年(1814)におわる。その間，寛保元年(1741)から延享4年(1747)まで欠落している。したがって第3期の集計は正味6ヵ年分である。
(3) この集計は書物問屋仲間の記録によるものであるから地本問屋の扱う絵双紙・草双紙の類ははいっていない。
460
440
420
400
380
360
340
320
300
280
260
240
220
200
180
160
140
120
100
80
60
40
20
A
B
C
D
年代
享保十二～十六(一七二七～三一)
享保十七～元文元(一七三二～三六)
元文二～寛延二(一七三七～四九)
寛延三～宝暦四(一七五〇～五四)
宝暦五～九(一七五五～五九)
宝暦十～明和元(一七六〇～六四)
明和二～六(一七六五～六九)
明和七～安永三(一七七〇～七四)
安永四～八(一七七五～七九)
安永九～天明四(一七八〇～八四)
天明五～寛政元(一七八五～八九)
寛政二～六(一七九〇～九四)
寛政七～十一(一七九五～九九)
寛政十二～文化元(一八〇〇～〇四)
文化二～六(一八〇五～〇九)
文化七～十一(一八一〇～一四)
期
1 2 3 4 5 6 7 8 9 10 11 12 13 14 15 16

江戸市場における上方書物屋出店の衰退（上方出店の新版取扱い点数）

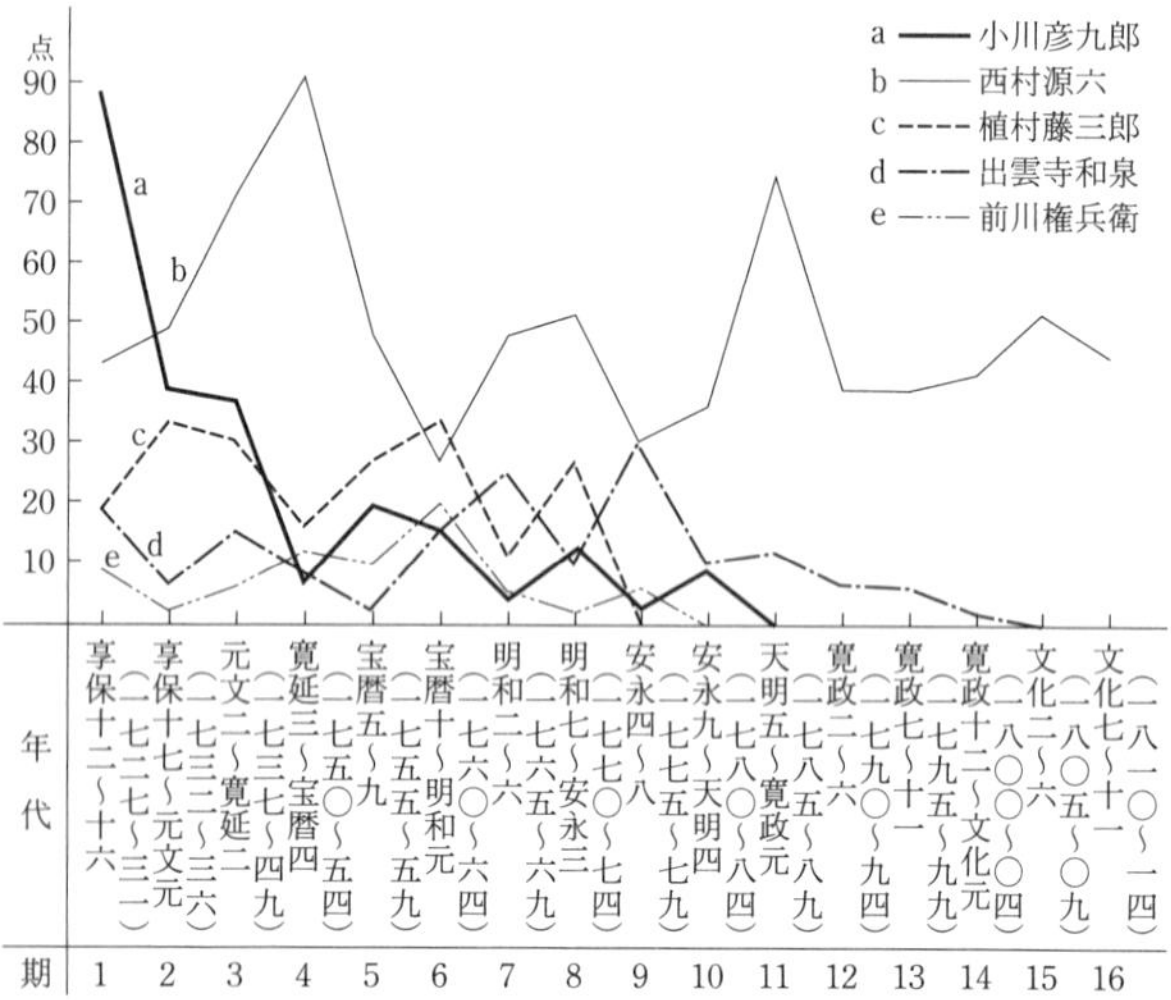

江戸須原屋一統の発展（須原屋５店の新版取扱い点数＝自家出版書＋売弘書）

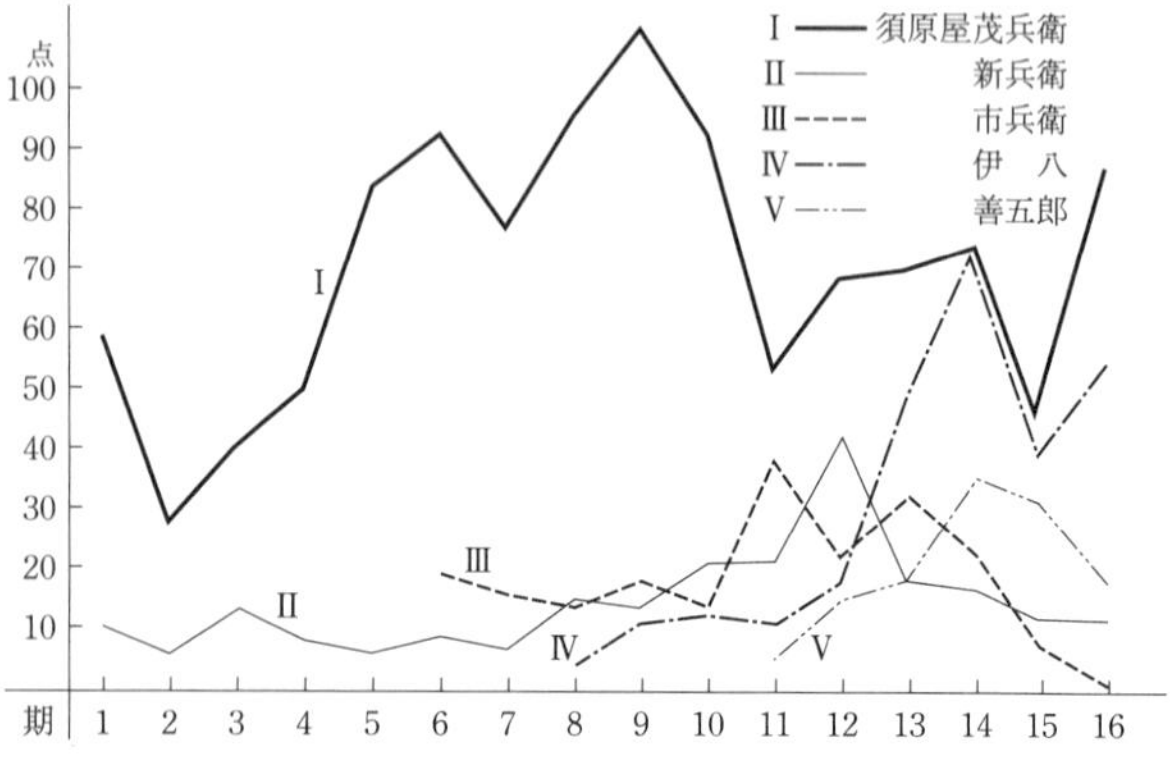

つぎつぎと店を閉じるのが一目でわかるであろう。まず、京都の伏見屋藤右衛門の出店藤三郎が消える。ついで、前川権兵衛の出店も消える。天明にはいると、柳枝軒茨木多左衛門の出店小川彦九郎も活動をやめる。彦九郎は、享保六年の江戸書物屋仲間結成以来、万屋清兵衛とともに書物改《しょもつあらためやく》役行司として活動してきた者であった。このグラフにはいれなかったが、万屋清兵衛も宝暦年間に消えた。万屋は、西鶴本や八文字屋本などの江戸販売店として、上方縁故の書物屋であった。出雲寺和泉は、かろうじて存続するが、それも文化初年には一時出版活動をやめる。京都の西村市郎右衛門の縁故の者と思われる西村源六は、京都西村家が書物屋をやめても、栄えて幕末に及ぶ。西村源六は、上方従属の商売から、江戸で自立しえたが故に残ったのであろう。

このような上方書林勢力の後退に対して、江戸南組の中心書商須原屋一統の発展は目ざましいものがある。とくに安永ごろからの伸びが著しい。文化の中心が上方から江戸へと移行した様子が出版界の動向に明らかに現われている。

二　世界に目をむけた須原屋市兵衛

『解体新書』の刊行

安永三年（一七七四）春のある日、杉田玄白が、日本橋室町二丁目の申椒堂須原屋と看板をあげている土蔵造りの本屋にはいった。玄白は、ふろ敷づつみを大事そうにかかえている。玄白は、時どき医学書や和漢書、あるいは小説のたぐいを、この本屋で買っていたし、奥州の片田舎からでてきた医学生の若者を、ここの主人から紹介され面会したりした。玄白の親しい店だったのである。

申椒堂の主人は、須原屋市兵衛といった。日本橋を南へ渡った通一丁目の江戸一の大書商、須原屋茂兵衛の分家であった。さっそく玄白は奥の座敷に招じ入れられる。ようやくできましたぞと、ふろ敷をほどいて出したのが『解体新書』と題をつけた五冊の原稿であった。

須原屋市兵衛は早くから、杉田玄白のほか、中川淳庵、桂川甫周らが、前野良沢のオランダ語指導のもとに、オランダ語の解剖医学書『ターヘル・アナトミア』の翻訳をつづけ、出版の計画を立てていることを知っていた。市兵衛は玄白の友人・平賀源内とも親しかったので、そうした線からも情報ははいってきていたであろう。安永二年正月には、『解体新書』の内容見本、『解体約図』を刊行していた。

市兵衛が『解体新書』の刊行をひきうけるに当たっては大変な決心を要したと思われる。すでに明和二年（一七六五）に、本草学者後藤梨春の『紅毛談《おらんだばなし》』がオランダの風俗・産物・薬法・エリキテリ（ママ）・文字などを紹介して絶板を命ぜられた例があった。絶板処罰の危険を承知で市兵衛は『解体新書』を引受けたのであろう。

『蘭学事始』によると、玄白・淳庵らは『解体新書』出版に当たって「若し私《ひそ》かにこれを公《おほや》けにせば、万一禁止令を犯せしと罪蒙《つみかうむ》るべきも知られず。此一事而已《のみ》甚恐怖《はなはだきようふ》」したとある。

玄白らは、まず前宣伝と幕府の反応たしかめのため『解体約図』（解剖図三枚・文章二枚）を市兵衛に印刷させて出版した。これについてはどこからも注意はなかった。それでも安心できない。安永三年中秋《ちゆうしゆう》（八月）に印刷完了した『解体新書』を、将軍や老中へ献上し、その反応を窺っている。この間一年を経過し、何の障りもなさそうだというので、安永四年九月に、江戸書物問屋仲間の行司に発行許可願いを出し、了解をえた。この間、市兵衛もさぞかし処罰をうけるのではないかと緊張したことであろう。

平秩東作との関係

その頃、市兵衛の店に桃次郎という若者が奉公していた。このことは、森銑三氏の『平秩《へずつ》東作《とうさく》の生涯』で知った。桃次郎は平秩東作の嫡子だということである。平秩東作といえば、大田南畝十九歳の時の狂詩集『寝惚《ねぼけ》先生文集』を市兵衛に取りついで刊行させた人である。これが大田南畝の処女出版である。平秩東作とは戯作者名で、通称は稲毛屋金右衛門、新宿の煙草屋であった。漢学を得意とし、学者としての名は立松東蒙《たてまつとうもう》。勘定奉行石谷清昌の子に史書の講釈もしていたという人物である。

戯作者朱楽菅江《あけらかんこう》こと山崎景貫（幕臣）、唐衣橘洲《からころもきつしゅう》こと小島謙之（田安家家臣）、平賀源内らとも親しく、源内をモデルとして、小説『二国連璧談《にこくれんぺきだん》』を書いた。源内の文章を「憤激と自棄《じれわざくれ》ないまぜの文章」との名言で評したのも東作である。石谷清昌の線で蝦夷地調査にも関係し、天明三・四年には勘定組頭土山宗次郎の意をうけて、十か月に及ぶ蝦夷地視察の旅行にでかけている。田沼意次の没落に際し、土山は在任中私利をむさぼったかどにより死刑となったが、東作もまた土山をかくまったとの理由で叱りをうけるのである。ともかくスケールの大きい人物である。こうした東作が自分の嫡子を奉公させるくらいであるから、市兵衛という人物、なかなかの者だったのであろう。

市兵衛出版書の特色

そのころ、須原屋市兵衛はどのような本を出版していたのであろうか。すでに紹介した「割印帳」（『享保以後江戸出版書目』）によって、市兵衛発刊分をかぞえると二百点にのぼるが、その中で注目をひく書物をあげてみよう。

建部涼袋『寒葉斎画譜』	宝暦	十・十二	出願
宮瀬三右衛門『龍門先生文集』	〃	十一・六	〃
平賀国倫（源内）『物類品隲』	明和	元・六	〃
平秩東作『水の行方』	〃	元・十二	〃
平賀国倫『火浣布略説』	〃	二	刊
大田南畝『寝惚先生文集』	〃	四	刊
貝原益軒『大疑録』	〃	四・三	出願
大田南畝『売飴土平伝』	〃	六	刊

福内鬼外（平賀源内）『神霊矢口渡』	〃	七		刊
熊坂宇右衛門『西遊紀行』	〃	八・六		出願
建部清庵『民間備荒録』	〃	八・十二		〃
杉田玄白『解体約図』	安永	元・十二		〃
同　『解体新書』	〃	四・九		出願
森島中良『絵本貝尽』	天明	二・七		〃
中根玄覧『地球一覧図』	〃	四・九		〃
長久保赤水『大清広輿図』	〃	五・六		〃
鈴木安明『当世塵劫記』	〃	六・九		〃
森島中良『紅毛雑話』	〃	七・九		〃
同　『万国新話』	寛政	元・十二		〃
同　『琉球談』	〃	二・十		〃
宇田川玄随『西説内科選要』	〃	五・九		〃

などが並ぶのである。もっとも「割印帳」は、学問書・教養書など堅い方の書物を扱う江戸書物問屋の発売したものだけが登録されているので、右の表のうち『寝惚先生文集《ねぼけせんせいぶんしゅう》』・『売飴《あめうり》

土《ど》平伝《へいでん》』・『神霊矢口渡《しんれいやぐちのわたし》』などは記帳されていない。その分は別に調査した結果で補ったのである。

それはともかく、田沼時代に活動した杉田玄白・平賀源内・森島中良らの作品が、それも文芸・学問史上一時期を画する作品が次々と出版されているのである。とくに平賀源内の代表的著作『物類品隲《ぶつるいひんしつ》』・『火浣布略説《かかんぷりやくせつ》』・『神霊矢口渡』を刊行し、さらに『根なし草』『風流志道軒伝』の版権を他店から買い取って、源内著作に並々ならぬ執心をみせているのである。源内の親友に、先にも述べたように平秩東作がおり、弟子には森島中良がいるが、源内につながるこれらの著作者たちを、市兵衛はがっちりと握っていたのである。

玄白につながる人々の著作も刊行している。先の一覧表に二番目の『龍門先生文集』の作者宮瀬三右衛門は、徂徠学派の儒者で玄白の漢学の師である。三右衛門の親友松崎観海は大田南畝の師である。玄白と源内は毎春将軍にあいさつをするために江戸にでてくるオランダ・カピタン（長崎出島のオランダ商館長）一行をその宿泊所である日本橋石町の長崎屋に訪問する常連であった。当時の江戸知識人社会は、源内・玄白・南畝などを中心に縦横に交遊関係が成立しており、互いに刺激し合っているのである。こうしたパーソナルなコミュニケーションから生まれた学問成果を出版コミュニケーションに送りこんでいく役割を市兵衛が果たしていたといえよう。

地方知識人との関係

こうした知識人のコミュニケーション体系のなかに、地方農民が負っている諸矛盾を否応なしに見つめなければならなかった地方知識人が登場してきていることにも注目したいと思う。

その一人が『民間備荒録』を書き、明和八年に市兵衛方から出版した建部清庵である。建部清庵は奥州一ノ関藩田村侯の侍医を勤めている人であった。漢方医であったのだが阿蘭陀《オランダ》流医学に強い関心をもち、自分の弟子衣関甫軒《きぬどめほけん》が江戸遊学を志した際、阿蘭陀流医学に関する疑問点を箇条書にして託し、その問いに答えられるような蘭法医師をさがして答えを求めてくれと頼んだのである。

衣関甫軒はついに杉田玄白にめぐり会い、玄白の真摯なる解答を得ることになるのである。甫軒と玄白とを会わせたのが市兵衛ではないかと考えるのはあながちむりではないであろう。それはともかく、私は、六十歳をすぎても医学上の真理を追求せんとする清庵の執念、かれの文章にあふれているみずみずしい情感に驚くのである。

清庵の問いと玄白の答えは、のちに『和蘭医事問答』としてまとめられ出版されるのであるが、そのなかの玄白答書と共に到来した『解体約図』をみて清庵が書いた感想は、田舎医者清庵の感動がいかに深いものであったかをよく示している。「約図拝見、覚えず狂呼《きようこ》口を呿《ひら》いて合はず、舌《した》は挙りて下らず、瞠若《どうじやく》たる老眸《ろうぼう》、頻《しきり》ニ感泣仕候」。

建部清庵の問題意識の強烈さはどこからでてくるのであろうか。この点は、建部清庵が『民間備荒録』を書いたことと大きく関連していると思われる。この本は、東北地方の宝暦五年（一七五五）の大飢饉の惨状を目撃し「他郷より来る流民、鵠形鳥面《こうけいちようめん》の老弱男女、蟻《あり》のごとく群り来るは、目もあてられぬことどもなり、予孟冬晦日《もうとうのみそか》（十月三十日）、大慈山丈人の墓所へ詣ける往還、この形勢を見て、惻然《そくぜん》として悲しみ思いぬれども、身貧ければ救ふべき力なく、家に帰りて熟《つらつら》思《おもふ》に、吾人《ごじん》平日農夫の力にて、安楽に歳月を送りし、恩の万分の一をも報なんは、せめて此時なるべし」と考えて書いたものであった。

また、清庵は「吾人小禄あるもの、平生鋤芸の労なく、生涯をやすんずるも、亦農の力、吾人の天にあらずや、しかるに今茲《いまここに》霖《りんう》雨破《かをやぶり》レ稼、米粟不レ登、農夫菜色あり（飢えて血色がわるい）、予これを見るに忍びず」ともいっている。清庵は農民の労働は、自分にとっては「天恩」であるといっている。この「天恩」にむくいるため清庵は飢饉の時の非常食糧について懇切に解説し、なんとか飢えをいやし生命をながらえるための方法を研究し説いたのである。

清庵はこれを宝暦五年（一七五五）中に書きあげ江戸の医師仲間に送ったのであるが、誰も出版に協力してくれようとはしない。ようやく明和八年（一七七一）になって須原屋市兵衛がこれを見出し、清庵が世のため人のために医師として力を尽そうとしていることに深く共鳴し、採算を度外視して出版したのであった。

市兵衛と関係した地方の人としては、明和八年六月に発売許可をうけた『西遊紀行』の著者熊坂宇右衛門がいる。熊坂宇右衛門は名は定邦、台洲と号する岩代伊達郡の豪農学者であった。かれもまた、地方農村の困窮をいかにして救うべきかに心をくだいた人であった。こうした地方知識人の著作を何とか出版にのせていこうとするのが市兵衛であった。なお、宇右衛門の門弟のなかには、幕末に、信達平野で起きた大一揆の指導者と目された菅野八郎の父がいた。

鋭い出版感覚

市兵衛は、ほかにも特色ある出版経営を行なっている。明和四年三月出願の『大疑録《たいぎろく》』刊行もその一つである。『大疑録』はいうまでもなく、貝原益軒の朱子学批判の書である。益軒死去の前年正徳三年（一七一三）の成立の書である。益軒は、朱子学を拠りどころとする啓蒙書を数々出版し、朱子学の立場で民衆教化に大きく貢献したのであるが、晩年になって、どうしても朱子学の理論体系に納得しえないものを感ずるに至り、この『大疑録』を執筆したのであった。しかし、これを出版することに躊躇するものがあったのである。写本のままで残したのである。市兵衛はかねて『大疑録』の名著なることを知っており、その写本を古書店で手に入れ、荻生徂徠の門人大野通明に校訂を依頼して刊行したのである。市兵衛の意欲的な出版経営が、著作の価値を見ぬく見識を伴なって展開されたことがわかるのである。

かれの文化感覚は、学問分野にばかり発揮されたわけではなかった。本来、地本問屋（絵双紙・草双紙など庶民的な本を扱う書物問屋）の扱う分野、すなわち、浄瑠璃正本や洒落本まで手を出しているのである。平賀源内が福内鬼外の名で書いた『神霊矢口渡』を刊行したのはその一例である。これは、当時大当たりをとった名作であるが、江戸言葉で書かれた浄瑠璃の最初として文学史上注目されるものである。

また、田沼時代は江戸で洒落本《しゃれぼん》（遊里風俗を描いた小説）・黄表紙《きびょうし》（しゃれと滑稽をむねとした絵入りの通俗小説）が流行したわけであるが、江戸洒落本第一の名作とされる『遊子方言《ゆうしほうげん》』も須原屋市兵衛の刊行と伝えられている。しかし、洒落本出版は、堅いものを商う書物問屋としては、手を出してはならぬ分野であった。当時、須原総本家として江戸出版界に重きをなしていた須原屋茂兵衛からも注意があったのであろうか、板木を他店へ売らねばならなかったようである。こうした市兵衛の意欲的で感覚のするどい出版経営のなかで、『解体新書』刊行の引きうけが実現したのだといえよう。

森島中良著書の刊行

天明年間になると林子平・森島中良《もりしまちゅうりょう》の著書の刊行をはじめる。とくに森島中良の学問的著作は全部市兵衛が引きうけている。

森島中良は、将軍侍医桂川甫周の弟である。字は虞臣《ぐしん》、号は桂林といった。別名甫粲《ほさん》・甫斎・万蔵・次郎（二郎）。また森羅万象《しんらばんしょう》・森羅亭・天竺老人《てんじくろうじん》・二世風来山人・竹杖為軽《たけつえのすがる》など十二、三にのぼる別号をもっていた。一生妻をめとらず、兄甫周の家で暮らし、侍医として忙しい兄をたすけ、自らも医業にはげんだ。好奇心がつよく、文才もあって、黄表紙・洒落本を書き、狂歌を作り、絵本を刊行し、和蘭語の辞書を編纂し、西洋の地理風俗紹介書も出している。平賀源内の一番弟子をもって任じ、その百科全書的知識を継承して二世風来山人を名乗った。こうした多方面にわたる文化活動を行なったのでさまざまな号をもつことになったのである。

中良の蘭学関係著書の第一作『紅毛雑話』は、天明七年（一七八七）に市兵衛が刊行した。同書の凡例によると、兄の甫周が、「春毎に参向する紅毛人の客舎に至り、薬品の鑑定、蛮書の不審なんど訳《おさ》を重ねて討論の暇、蛮人の語りたる雑話」で珍しい奇談があれば周囲のものに話してくれたこと、また、「彼国の書学べる人等の集へる日」などに聞いたことなどをもとにして書いたのだとある。それを市兵衛が見てぜひ出版したいと熱望するので出すことにしたというのである。

この『紅毛雑話』は、序文が兄の桂川甫周と大槻玄沢、跋が前野良沢・宇田川玄随、挿絵は中良自画のほかに司馬江漢・馬孟熙・北尾政美らが描いた。当代一流の知識人たちの協力をえて公刊されたということがわかっていただけるであろう。大変評判がよかったのであろう。森島中良は次々と日本の初期啓蒙時代にふさわしい書物を出すのである。

寛政初年ごろの申椒堂広告の一つに「森島中良先生著述書目」がある。これは、国立国会図書館所蔵の「雪有香書目《せつゆうこうしよもく》」という書店広告だけを集めた文献の中にあったものである。次にあげてみよう。

琉球談《りゆうきゆうはなし》　既刻　全一冊　此書ハ琉球の開闢幷ニ始て日本へ往来の由来、彼国代々の伝記、

朝鮮談《ちょうせんばなし》　近刻　全二冊

万国新話《ばんこくしんわ》　初編五冊出来

紅毛智《おらんだち》恵洋《えのうみ》　全二冊

西洋奇《せいやうき》譚《だん》　近刻全五冊

万象雑俎《まんざうざつそ》　同上全十冊

日本地《にっぽんち》名便覧《めいべんらん》　既刻両面摺

農工力《のうこうちから》ぐるま　近刻全五冊

年中行事、官職の次第、人物、衣冠、宮室、器財、草木、鳥獣等の図をあらハし、琉球狂言、小哥の文句、彼国の言語にいたるまで、悉く載て漏《もら》する事なし。

此書も琉球談のごとく、朝鮮国の事実を記し朝鮮文字と幷に言語等まで悉く載たり。

万国世界の内のあらゆる奇談を載たり、次編三部あり、追て刻す。欧羅巴《ようろっぱ》之部　亜弗利加《あふりか》之部　亜墨利加《あめりか》之部。

紅毛にて製作したる珍器の類、先生の工夫を以て、日本にて製作せられし品々を図式にす、誠に古今の珍書なり。

先に行れる紅毛新話の後篇にして、初篇にもれたる事を記し、彼邦にて用ゆる武具馬具の図式を附録にす。

天文地理をはじめ万国の内にあらゆる事実を載、幷に本朝の故事古言に至るまで、部を分けて見安く記す。

都城陣営神社仏閣新古の名所幷に其地の名物等を分けて見安く記す、連哥俳諧の席遠遊旅行の人懐にすべき書也。

紅毛の工夫を以て製したる起柱起重《しゃちまんりき》・水車・風車・木匠具《だいくどうぐ》・泥匠《さくわん》具《どうぐ》をはじめ日時計・水時計・独《ひとり》にて行車独廻る磨《うす》等の図式なり。

この広告には『紅毛雑話』がのっていないので、同書の再版本にでも付せられたものであろう。一見してわかるように、中良は、まず近い琉球や朝鮮について紹介し、さらに西洋世界の風俗を研究し、科学技術導入の道をひらこうとしていたのである。とくに最後にあげられている「農工力ぐるま」は、農工業の技術改良を目ざしているものといってよいと思われる。もしこの方向がすすめられていったら、建部清庵のごとき農村荒廃をうれえる地方知識人に大きくアピールする業績が生まれえたろうと思う。しかし残念ながら、この広告のうち「朝鮮談」「紅毛智恵洋」「西洋奇譚」「万象雑俎」「農工力ぐるま」は出版されずに終わったのである。『国書総目録』（岩波書店刊）でも検出しえないのである。

なぜ、これらの中良著作は出版されなかったのか。寛政四年の林子平処罰一件に関連してこうなったと思われる。須原屋市兵衛は天明六年（一七八六）林子平の『三国通覧図説』を刊行している。その頃、市兵衛は同じ傾向の書として『万国一器界万量総図』『天球之図』『地球一覧之図』『翻訳万国之図・同説』などを刊行した。市兵衛の大変意欲的な世界地図・地理書の刊行事業である。出版人としての市兵衛は、いまや世界に目をむけ、世界のありさまを日本人に知らしめる役割を果たしつつあったのである。田沼時代、江戸出版界の発展の新しい方向を体現しつつあったというべきであろう。しかし、天明六年に稿の成った『海国兵談』は林子平に頼まれても出版を断ったのであろう。多分、危険なる書と市兵衛は見たのであろう。あるいは森島中良著書の刊行で手いっぱいだったのかも知れない。

林子平はやむなく仙台で自家出版を行ない、寛政三年四月に印刷を終えた。そして松平定信の注目するところとなり、四年五月処罰されるのであるが、同時に『三国通覧図説』も絶板に処せられ、須原屋市兵衛は身上に応じ重過料を課せられたのである。同じ年に、林子平から心友の一人にあげられていた森島中良は、蘭学者石井庄助と共に松平定信の家臣に加えられたのである。心友であり、同じく心を世界にむけていた二人は、一人は処罰されて生涯をかけた著作をうちくだかれ、一人はうちくだいた権力者の家臣に加えられる、こうした権力者の悲しい暴力を自らの身にうけながら、市兵衛の先進的な出版業は没落へと近づいていくのである。

市兵衛の没落

寛政四年の重過料申付（金額は不明）は、大変な打撃であったと思われる。莫大な費用を投じて準備をすすめていた森島中良の諸著作の刊行は中止された。自由闊達な文化活動をつづけてきた中良は、いまや権力者松平定信の家臣である。在野の啓蒙主義運動は封じこめられてしまったのである。

市兵衛は苦境のなかで、宇田川玄随の医学史に残る『西説内科選要』の刊行を寛政五年から開始するのであるが、途中で、版権・板木共に大坂の業者に譲ってしまわざるを得なくなる。『物類品隲』『大疑録』『紅毛雑話』などの板木も大坂に買われていった。市兵衛の菩提寺は江戸浅草善竜寺であるが、その過去帖には文化八年（一八一一）没とある。まことに淋しい晩年であった。

宝暦十年（一七六〇）以来五十二年間にわたる市兵衛の出版活動で最も注目すべき点は、田沼時代江戸文化の結晶を社会的交通に送りこんできたことであるが、私自身が最も心をひかれるのは、農村荒廃のすさまじい状況に心痛する地方知識人の著作を、採算を度外視して刊行したことである。源内・玄白・中良ら、地平のかなたに世界を新しく発見しつつあった都市の先進的学者の著作と、農村荒廃に触発されて書いた書物を同一の交通局面に送り出しつつあったことである。

天明七年に玄白は、科学的探求心をもって社会矛盾の激化状況を観察し「後見草」を草した。市兵衛はこれを読んだかどうかわからないが、もし読んでいたら、市兵衛の出版意欲に新しい刺激を与え、天明飢饉体験記録を積極的に発掘して上梓しようとしたことであろう。

しかし、人の肉まで喰わざるを得ないような、すさまじい天明飢饉の現実を、印刷を通じて報道することは誰もできなかったのである。

三　近代出版の先駆者・蔦屋重三郎

京伝や歌麿をそして写楽育てた蔦重

従来、江戸っ子はともすれば、金はないけど威勢のいい、口は達者だが何となく底の浅い人間像のように考えられるむきがあった。西山松之助氏は、そのような江戸っ子像を打ち破った。氏の「江戸っ子」（『江戸町人の研究』第二巻）によると、江戸っ子気質は第一に、他国者との対比において将軍家と同じ土地に住むという誇り、第二に大都市江戸独特の経済流通機構の中にあって金ばなれがよい、第三に高度な町人生活の中で培われた気質で文化的行動力があり、第四に江戸あるいは日本橋の住人というが如き根生《ねお》いの土着意識をもち、第五に「いき」と「はり」で表現される抵抗の精神からなっていた。そして第五の抵抗の精神を江戸っ子にとって、もっとも表明しやすいところが、吉原と芝居であったとしている。このような江戸っ子気質は天明期に出そろい、観察眼、創造力の豊かな天才的町人作家・山東京伝(一七六一〜一八一六)によって典型的に描かれたという。

京伝が江戸っ子像を典型化しえたのは、京伝自身が典型的な江戸っ子であったからであるが、この京伝と同時代に生きた蔦屋重三郎《つたやじゅうざぶろう》(略称蔦重《つたじゅう》)は、京伝以上に江戸っ子気質、というよりもっと強烈な気魄をもって生きた人物であったと思う。京伝や蔦重と一緒に活動した歌麿もその気魄の持ち主であった。

江戸文化をこよなく愛した永井荷風も、京伝、蔦重、歌麿らの活動した「天明寛政の頃は……江戸諸般の文芸美術悉く燦然たる光彩を放ちし時代」であったといっている(『狂歌を論ず』)。

京伝や歌麿は創作者であった。一方、蔦重はかれらをはげまし、創作のヒントを与え、作品を世に送り出す出版業者であった。蔦重一人がこの時代の出版をささえていたわけではない。永寿堂西村屋与八や仙鶴堂鶴屋喜右衛門、申椒堂須原屋市兵衛など、個性的で進取の精神に富んだ出版業者が続出して江戸出版業を盛り上げた時代である。しかし、その中にあって、この時代を代表する出版業者を一人挙げろといわれたら、躊躇することなく蔦重の名をいわねばならないであろう。

蔦重は、寛政六年（一七九四）五月から翌年二月までの十か月の間に百四十数点の写楽版画（役者絵・相撲絵）を刊行した。明治の末以来、写楽作品が世界的に評価されるようになって、写楽とはいったい何者であるかが追跡されて来た。それに伴って蔦重の名も、その〈富士山形に蔦の葉〉の商標も、世界の美術愛好家に知られるようになった。歌麿錦絵の刊行店としても知られている。かくしてこれまで、蔦重についてはもっぱら歌麿、写楽考察のために研究されてきた。蔦重は脇役であった。しかしここでは、蔦重を主役としてとりあげておきたいと思う。

生涯と個性

蔦屋重三郎の生涯と個性を、簡潔にしかも無限の哀惜をこめて書いた一文がある。石川雅《いしかわまさ》望《もち》が撰した『喜多川柯理《かり》墓《ぼ》碣銘《けつめい》』である。墓碣銘とは、死者の姓名、出身、生い立ち、人となりなどを石に刻んで墓所に立てるものである。蔦屋の菩提寺は浅草新鳥越町（台東区東浅草一丁目）の正法寺であった。正法寺はその古い姿も、墓も過去帖も、関東大震災と太平洋戦争の戦火によって失なってしまった。雅望の柯理墓碣銘はかつて存在したのであろうが、それも今はない。が幸いにして原念斎《はらねんさい》の『史氏備考《ししびこう》』（静嘉堂文庫蔵）の中に収録されていた。

まず、蔦重の墓碣銘の前半の分をかかげよう。

喜《き》多《た》川《がわ》柯《か》理《り》本姓丸山称蔦屋重三郎《ほんせいまるやまつたやじゅうざぶろうとしょうす》　父重助母広瀬氏《ちちじゅうすけはははひろせしなり》　寛延三年庚午正月初七日《かんえんさんねんかのえうましょうがつしょなのか》
生柯理於江戸吉原里《かりえどよしわらのさとにうまる》　幼為喜多川氏所養《おさなくしてきたがわしのやしなうところとなる》　為人志《ひととなりし》気《き》英邁《えいまい》　不修細節《さいせつをおさめず》　接人《ひとにせっするに》
以信《まことをもってす》　嘗於倡門外闢一書舗《かってしょうもんのそとにいちしょほをひらく》　後移居油街《のちきょをゆがいにうつす》　乃迎父母奉養焉《すなわちふぼをむかえてほうようす》　父《ふ》母《ぼ》相継而没《あいついでぼっす》
柯《か》理《り》恢廓産業一倣陶朱之殖《さんぎょうをかいかくしいつにとうしゅのしょくにならう》　其巧思妙算《そのこうしみょうさん》　非他人所能及也《たのひとのよくおよぶところにあらざるなり》　遂為一大賈《ついにいちだいことなる》

この墓碣銘によると、蔦屋重三郎は、丸山重助の子として寛延三年（一七五〇）江戸吉原に生まれた。長じての名を喜多川柯理という。柯理はカラマル（狂名・蔦唐丸）と読むのかもしれないが明確でない。翌宝暦元年、すでに西の丸に隠居していた八代将軍吉宗、吉宗の意を帯して江戸市政に敏腕をふるった大岡忠相が相継いで没する。蔦重は、改革政治の緊張から何となく解放された気分のただよう宝暦・明和の時期に新吉原で成長した。折しも吉原は、大名・旗本・政商が幅をきかして揚屋で豪遊するような時代から、蔵前札差たちを先頭とする江戸有力市民が主人公となる時期であり、江戸っ子の「いき」・「つう」・「はり」の洗練の場となってきた。武家の支配体制に対抗する江戸っ子気質が急速に形成されつつあった時代の空気を吸って成長した。このことは、蔦重を考える上で忘れてはならないことであろう。

蔦重は幼くして吉原の喜多川氏の養子となった。重三郎の性格は、常にやる気十分で、小さいことにはこだわらない。人に接するときには相手を信頼し、自らもまことを尽す人であった。

かつて倡門外、すなわち吉原大門口に書物商いの店を出した。後には油街すなわち通《とおり》油町《あぶらちょう》（現中央区日本橋大伝馬町）に店を移した。そこで、父母（実の父母であろうか）を迎え孝養を尽くしたが、相継いで父母を失なった。

重三郎は、自らの産業、すなわち出版業を拡張し、まるで陶朱公《とうしゅこう》の致富を思わせる活動であった。あるいは重三郎自身、陶朱公の活動を理想としていたのかとも思われる。陶朱公は司馬遷の『史記』に語られている英雄の一人である。中国、春秋時代の越王勾践《こうせん》に仕え、これをたすけて宿敵呉を滅ぼした名将范蠡《はんれい》が陶朱公である。その後、范蠡は産業の道にのり出し、陶朱公と名乗って巨万の富を築くことに成功した。重三郎の「巧思妙算」は人のまねのできないところで、ついに一代の間に大書商となった。

吉原細見の板元となる

さて、蔦屋重三郎の成長過程を、年を追ってみておこう。

重三郎は、安永の初めごろ（一七七二～三）、二十三、四歳のころに、吉原大門口で書物商いをはじめた。はじめ鱗形《うろこがた》屋孫兵衛が出す吉原細見（吉原の遊女の名簿・案内書）を売っていたが、間もなく細見の出版権を手にいれている。

安永三年に、重三郎は、北尾重政の画をいれた吉原細見『一目千本花すまひ』を出した。自分が板元として刊行した最初の本であろう。吉原育ちの本屋らしい営業内容から、かれは出発したのであった。一方、同年の鱗形屋版吉原細見『嗚呼御江戸』の奥付に、「細見改　おろし小売　新吉原五十間道左側　蔦屋重三郎」と刷りこんでいる。この『嗚呼《あゝ》御江戸《おえど》』の序文は福内鬼外《ふくうちきがい》が書いている。福内鬼外とは平賀源内のペンネームの一つである。

重三郎が、江戸中の注目を集めて活躍していた平賀源内を見聞しながら成長していることは注目すべき点であろう。平賀源内の友人の一人に、平秩東作がいた。この東作については、前節で、須原屋市兵衛に大きな影響を与えた友人として紹介した。かれもまた重三郎の店に親しく出入りするようになる。まだ二十歳代の重三郎の周辺には、平賀源内・平秩東作・須原屋市兵衛、さらに杉田玄白など、田沼時代の強烈な個性の持ち主たちがあらわれ、重三郎の眼前で縦横の活躍をしていたのである。青年重三郎には、かれら先輩の進取性を十分に吸収しうる才能があった。

重三郎はすでに没落しつつあった鱗形屋の吉原細見の版行権を全面的に獲得する。江戸の普通の成年男子ならば、吉原細見をみたことがない者はなかったであろう。学者ぶった堅物の息子でも、〝細見を四書文選のあいに読み〟である。重三郎は細見の序文を、この時代の江戸文壇の寵児・大田南畝に書いてもらっている。のち滝沢馬琴は、その著『近世物之本江戸作者部類』に「吉原細見は享保中より印行したり、さる天明の初、書賈耕書堂蔦重が吉原五十間道に在りし時、其板を購《もと》めて、板元になりしより、序文は必四方山人《よもさんじん》（幕臣大田南畝）に乞ふて印行しけり、又朱楽菅江《あけらかんこう》（幕臣山崎景貫）の序したるも有りき……」と書いている。蔦屋が細見の板元となるのは安永三年ころで、馬琴の証言よりも実際は早いのであるが、重三郎が武士文化人をも動員して、細見作りと販売に力を入れていたさまがわかる。

浄瑠璃の富本節正本を刊行

重三郎は、浄瑠璃の富本節《とみもとぶし》の正本の刊行もはじめる。当時、富本節は二世豊前太夫《ぶぜんだゆう》、天性の美声の持ち主で、一世を風靡した。富本節に合わせた舞踊劇が江戸三座で人気を博していた。武士にも好まれ、町家の娘で富本節がうまければ、武家屋敷への奉公も無条件であったという。

細見が吉原の一つの象徴であるとするなら、富本正本は江戸劇場街の象徴であった。どちらも一つ一つは片ぺんたる印刷物である。しかし、どちらも常に改訂され、新作が刷られる永続的刊行物であった。重三郎は、二つの有力な基本商品を営業基礎として握ったのである。またこれをもって、重三郎は江戸市民文化の二つの柱、吉原と劇場とに足場をおいたのだということもできよう。

重三郎は、この二つの柱をむすびつけて、華々しい文化演出を企てしかも自家の宣伝を巧妙にやりとげ、大もうけをしたこともある。この話は、山東京伝の弟京山の『蜘蛛《くも》の糸巻』追加編に出ているものである。

天明二年（一七八二）の十一月、中村座顔見世狂言の三立目浄瑠璃として、二世富本豊前太夫が語る「睦月《むつまし》恋の手取」（桜田治助作）にあわせて半四郎、菊之丞が春駒《はるこま》の姿で舞った。春駒とは年頭の祝い事の門付芸《かどづけげい》の一つである。駒の頭の作り物をもって門ごとに歌い、かつ舞って銭をもらう。これが近世の中ごろに歌舞伎所作事《しょさごと》としてとり入れられ演じられるようになった。

この年中村座の春駒は次のようなありさまであった。

半四郎宗任《むねとう》の妹うとふ、菊之丞うとふの妹やす方なり。半四郎は丸顔にて太く、肉大がらなり。菊之丞は細面やさがたにて……姉妹のさま真に迫れり。両人ともに振袖を紫手《むらさきた》綱《づな》に、金糸にて桜の花ちらし縫《ぬい》もやう、帯は緋繻子《ひじゅす》に黄ちりめん、紅うらのほゝかむり、手に鈴付《すずつき》の駒、手綱は紅白……見物の声雷《こえらい》をなす。……豊前太夫妙音にて、桜田妙作（脚本は桜田治助の作）にて、吉原の遊女名寄《なよせ》の春駒《はるこま》、両人の所作《しょさ》奇々妙々いふべからず。

……此時、京山十四歳にて、目撃したるをいふなり。

二世豊前が語る浄瑠璃の文句の中に、吉原の遊女の名前が、軽妙にちりばめられており、吉原通の観客をくすぐったのである。

……扨《さて》右遊女名寄の文句にのりたるは……（として、玉屋の遊女三人、丁子屋《ちょうじや》五人、扇《おう》屋《ぎ》三人、大文字屋《だいもんじや》二人など、廿七人をあげ）いづれも時の名妓《めいぎ》、……よし原も盛りなりしをしるべし。右の遊女ども、此度顔みせの上（浄）るり、名よせに入れられたれば、作者桜田治助へ謝礼有るべしとて……名の出し遊女芸廿七人、一人三百疋づゝ桜田へ贈る時、其禿《かむろ》とも、吉原の姿にて廿七人、五町おのおのやり手一人、若者付添、中村座二階座敷、七間つゞきにて、一日見物しけるに、さじき白金《しろがね》の花咲きたるが如し。其頃街談喧《がいだんかまびす》しかりき。天明の時勢を知るべし。……此上浄るり吉原はさらなり、世上にはやり、板元蔦屋重三郎も大金を得たりと聞きぬ。

というわけで、この演出は大成功であった。

この年天明二年の蔦屋版細見によれば吉原の遊女二千九百十二人で天明末年までの吉原史上最大に達している。こうした吉原の繁栄を背景に「吉原の遊女名寄の春駒」が中村座で富本節で演ぜられた事情には、蔦重の商略が積極的に働いていたことは想像に難くない。

この吉原大宣伝に一枚かんでいたと思われる吉原江戸町の扇屋の主人宇右衛門は墨河《ぼくが》と号して加藤千蔭《かとうちかげ》に歌をならい、狂名は棟上高見《むねあげのたかみ》、大通と称せられた吉原のリーダー。宇右衛門墨河の友人で、これも名物大通の京町の大文字屋主人（狂名加保茶元成《かぼちゃもとなり》）。二人ともに名妓名寄にあげられた遊女をかかえるものであるが、大門口の蔦屋重三郎とは同じ狂歌吉原連であった。そして扇屋、大文字屋には、四方赤良、朱楽菅江、恋川春町《こいかわはるまち》、北尾重政、山東京伝などが、度々重三郎とともにやってくるというような交遊関係ができていた。かれの交遊には市川団十郎をはじめとする江戸歌舞伎界の幹部連中も加わっていたのである。

こうして蔦屋重三郎は自ら積極的に演出者的役割を発揮しつつ、武士・町人一体となって江戸っ子文化人社会の形成、進展の場において出版経営の才をのばしていくのである。

黄表紙に進出

安永九年（一七八〇）に、重三郎は、黄表紙の刊行に進出した。やがて江戸市民に圧倒的な人気を博し、幅広い読者を獲得するにいたる草双紙の出版である。

重三郎は、当時の一流の文人たちに黄表紙を書かせた。この年の執筆メンバーはすばらしい。朋誠堂喜三二の『竜都四国噂《たつみやこしこくのうわさ》』、山東京伝の『夜野中狐物《よのなかこんなもの》』、大田南畝序『虚八百万八伝《うそはつぴやくまんぱちでん》』を出したのである。

さて、これらの黄表紙の作家はどんな人物であったか。まず朋誠堂喜三二であるが、これは戯号で、本名は平沢常富《つねまさ》、通称平角《へいかく》、旗本の家来の家に生まれたが、秋田藩士・平沢家に養子に入り、天明元年からは秋田藩（佐竹家二十万石）の留守居役となった。留守居役とは、江戸藩邸にあって藩と幕府の連絡役、あるいは他藩との交際などに当たる役である。いわば外交官のようなものであるから交際は広く、さまざまな情報を得、学問・遊芸にも長じた者が多かった。各藩の留守居役の会合がしばしばもたれ、互いの利益を守り情報の交換を行なった。江戸城内の事件や機密も知り易い立場にあった。なお喜三二は黄表紙のほか、狂歌作者としても名高く、狂名を手柄岡持《てがらのおかもち》といった。

喜三二の親友で、黄表紙作家としては先輩に当たるのが恋川春町である。本名は倉橋格。

駿河小島藩（松平家一万石）の江戸詰家臣であった。小石川春日町に藩邸があり、そこに住んでいたのに因み、戯号を恋川春町とした。小藩の武士であったから貧しく、くらしのたしに絵師の仕事をしようと鳥山石燕《とりやませきえん》に絵を学んだ。喜多川歌麿も石燕について修業したので、春町・歌麿は同門の間柄である。安永四年（一七七五）に鱗形屋から刊行された『金々先生《きんきんせんせい》栄花夢《えいかのゆめ》』は黄表紙形式を決定した作品として著名である。友人の喜三二は春町のつくり出した黄表紙をさらに発展させたといってよいだろう。

山東京伝は本名岩瀬醒《いわせさむる》、京橋の商家に生まれた。北尾重政に入門して政演《まさのぶ》と名のり、絵師として出発したのであるが、天明二年の『御存商売物《ごぞんじしょうばいもの》』、同五年の『江戸生艶気樺焼《えどうまれうわきのかばやき》』などの名作でめきめきとのしていく。

さらに四方山人《よもさんじん》（幕臣大田南畝）がいたし、志水燕十《しみずえんじゅう》、竹杖為軽《たけつえのすがる》（将軍家侍医桂川甫周の弟、森島中良）も登場する。

天明の梁山泊・蔦屋

なかでも注目しておきたいのは志水燕十である。燕十は、上野根津清水町に住む鈴木庄之助という小禄の幕臣であった。遊びの生活に溺れすぎたか、幕臣としての仕事の失敗かで禄を放たれ、ペンネームを唐来参和《とうらいさんな》と変えたのだという。これまで、燕十と参和とは別人であるとされてきた。滝沢馬琴の伝えるところでは、唐来参和を加藤なにがしだとしている。武士であったのだが、故あって流浪の生活におちた。蔦屋重三郎の所に出入りしているうちに義兄弟となり、その紹介で、本所松井町の岡場所（吉原以外の公認されていない遊廓）の遊女屋和泉屋の聟にはいった。おちぶれたりとはいえもとは武士、かかる職業につくのは似つかわしくないと人々は思ったが、本人は平気なもの、悠然として戯作生活を続けたという。燕十と参和を同一人物と考証し、主張するのは林美一氏である（『艶本研究　続歌麿』）。もしそうだとすると馬琴が参和を加藤なにがしという武士だった人だとしたのは誤りということになる。あるいは元幕臣というのを参和も蔦屋もかくすために、世間にはそういっていたものか。

いずれにせよ、重三郎も買っている文才の持ち主である参和が、元幕臣で遊女屋の主人におさまった人物であるとすると、一筋縄ではいかぬ批評精神の持ち主ということになろう。

参和は絵を習っていた。鳥山石燕の弟子である。石燕といえば歌麿の師。とすると、恋川春町、燕十、歌麿みな絵の方では同門であった。ここでもまた、パーソナルなコミュニケーションを保ちつつ、それぞれ個性的な文芸・芸術活動を行なう人物が、蔦屋重三郎のもとに連なるのである。

安永十年（天明元年＝一七八一）、燕十は二つの黄表紙を蔦屋から出した。アイディアおよび文章は燕十がつくり、画は歌麿がひきうけている。題名は、『身貌大通神略縁起《みなりだいつうじんりゃくえんぎ》』『化物二世物語《ばけものにせものがたり》』、何やら妙な外題の、内容もさほどでない作品だが、これまで北川豊章と称していた歌麿が、はじめて歌麿という画号を使った作品である。出版を通じての重三郎との出会いもこれが最初であった。

この後、歌麿は蔦屋刊行の富本正本の表紙絵あるいは黄表紙の挿絵をかき、ついで狂歌集の絵をかくことになる。天明年間の歌麿は蔦屋専属の絵師であったといっても過言ではない。しかも、天明三年から八年頃まで、歌麿は蔦重方へ寄宿していたともいわれる。

このように天明期に出そろってきた黄表紙作家たちには、武士もいれば町人もいたし、藩おかかえの狂言師もいた。そしてかれらのつき合いは、身分をこえ、文学的共感をたしかめ、物事をリアルにとらえて茶化し、笑いを共有するという関係でむすばれていた。かれらの形成したこの文化社会は、数々の狂歌グループの結成で一段と範囲をひろげた。

歌麿や参和がごろごろしている蔦屋の店に、四方赤良と北尾《きたお》政演《まさのぶ》（山東京伝）がやってくる。朱楽菅江（幕臣山崎景貫）も、宿屋飯盛も北尾重政・政美も顔を出す。蝦夷地に旅行していた平《へ》秩東作《ずっとうさく》（新宿の煙草屋稲毛屋金右衛門）がもどってきて体験談を面白くきかせる。

蔦屋重三郎はこうした作家たちのコミュニケーションの要《かなめ》として、作品を世に送り出す役割を果たし、さらに積極的に作家を育てあげた。身分差別をこえ、しかも互いに世俗的地位や仕事に束縛されない自由な個として活動できる文化社会を成立させていたのである。この社会での評価は全く身分にとらわれない。実力のみである。実力さえあれば誰でも認められる。身分序列を重視し、分に応じた思想行動を強制される封建的価値感の世界とは全く異質な世界が、こうして江戸に現出しつつあったのである。

狂歌本における蔦重時代

黄表紙につづいて蔦重は狂歌集刊行にも進出する。天明二年（一七八二）の暮、四方赤良《あから》（大田南畝）、朱楽菅江、恋川春町、元木網《もとのもくあみ》（京橋の湯屋大野屋喜三郎）、唐来参和らに加えて、絵師の北尾重政、同政演（山東京伝）、政美（鍬形蕙斎《くわがたけいさい》）らが蔦屋に集まり、吉原の遊女屋大文字屋市兵衛（狂名加保茶元成《かぼちゃのもとなり》）方で遊んでいる。先に紹介した「遊女名寄の春駒」の興奮にまださめやらぬ時で、重三郎も鼻が高かったことであろう。

翌年正月七日には南畝・菅江・蔦屋らが吉原の五明楼扇屋の主人（狂名棟上高見《むねあげのたかみ》、妻は垢染衣紋《あかぞめえもん》）に招かれ遊んでいる。こうした文人仲間の吉原遊びはしょっちゅうあったと思われる。

このころに吉原狂歌グループが結成されたのであろう。この結成をうながしたのが蔦屋であり、吉原を舞台に文人たちの交流をとり持ったのであった。

この天明三年（一七八三）は蔦重にとって画期的な年である。この年九月、江戸地本問屋が集中している通油町の一老舗、丸屋小兵衛の店とその奥庫を買取って、通油町進出をとげた。地本屋として自立した蔦重は、その手腕を狂歌と浮世絵の綜合という新しいアイディアによっていっそう発揮した。すでに狂歌集の出版には須原屋伊八・前川六左衛門・上総屋利兵衛など大手筋の書物問屋が乗り出してきており、江戸の数十軒の本屋は、狂歌集は売れるというので、その稿本を得ようと懸命であった。当時、赤良（大田南畝）の山手連《やまのてれん》、漢江《かんこう》の朱楽連《あけられん》、唐衣橘洲《からころもきつしゅう》（田安家臣小島謙之）の四谷連、元木網の落栗連、浜辺黒人（書肆三河屋半兵衛）の芝連、大屋裏住《おおやのうらずみ》（日本橋金吹町の大屋、白子屋孫左衛門）と腹唐秋人《はらからのあきんど》（商家の番頭で書家中井敬義）の本町連、宿屋飯盛《やどやのめしもり》（公事宿主人で国学者石川雅望）の伯楽連《はくらく》、鹿津部真顔《しかつべのまがお》（汁粉屋を営む大屋北川嘉兵衛）のスキヤ連などが結成され、狂歌界は隆盛をきわめた。その中には尻焼《しりやけ》猿人《のさるんど》（姫路侯の弟酒井忠因、画名酒井抱一）のような大名一族の者も加わって、武士・町人文人連合の天明期独特の市民的文学運動が展開されていた。かれらは洒落本・黄表紙など江戸の新興文芸の知的源泉でもあり、ひいては「地店《じみせ》」「地本《じほん》」（江戸で出版される浄瑠璃本・絵草紙・

草双紙のたぐい）の発展で特色づけられる江戸出版界の基盤ともなっていた。

さて、天明五年（一七八五）、須原屋伊八が四方赤良撰『徳和《とくわ》歌《か》後万載集《ごまんざいしゅう》』を刊行したのに対抗して、漢江撰の『故混馬鹿集《ここんばかしゅう》』、ついで、赤良・漢江・橘洲共判の『狂歌俳優風《わざおぎぶり》』、赤良序・平秩東作記・橘洲跋の『夷歌百鬼夜狂《あづまうたひやっきやきょう》』を板行して大いに売った。浜田義一郎氏は「狂歌本における蔦重時代」に入ったとしている。（浜田義一郎氏『川柳狂歌集』解説・日本古典文学大系57）

翌天明六年には、宿屋飯盛撰・北尾政演画『天明新鐫五十人一首 吾妻曲《あづまぶり》狂歌文庫』（狂歌入り作者肖像画集）、橘洲序・北尾重政画『絵本吾妻抉《あづまからげ》』、漢江撰・歌麿画『絵本江戸爵《えどすずめ》』など美しい絵と狂歌の吟詠をマッチさせた文芸と美術の綜合書を出版して評判を得た。ここで注目されるのは歌麿の本格的活動の開始である。すでに歌麿は天明元年に蔦重刊、志水燕十作の黄表紙に筆をとっており、三年には南畝・燕十・雲楽山人（幕臣朝倉源之助）らの黄表紙・洒落本に画をかいている。しかし、蔦屋がほんとうに歌麿の天分を認め、歌麿もまた芸術の野心をもやして創作にあたったのは、狂歌絵本の仕事からであろう。

かくして蔦重は、江戸一流の文人・画工を動員して、天明期江戸文化の粋を出版の上に開花させることになる。まことに華やかな文化演出者というべきであろう。この新興の蔦重店とは目と鼻の先、馬喰町二丁目に永寿堂《えいじゅどう》西村屋与八が店を構え、また同じ町内には鶴屋喜右衛門・村田治郎兵衛店があり、通油町界隈《かいわい》(いまの日本橋大伝馬町)は絵双紙・草双紙の町として栄えた。

めったに人をほめないことで有名な馬琴も蔦重の「巧思妙算」にはかぶとをぬいで、『江戸作者部類』で次のようにいっている。

顧《オモ》ふに件の蔦重は風流も無く文字もなけれど、世才人に捷《スグ》れたりければ、当時の諸才子に愛顧せられ、其資《タスケ》によりて刊行の冊子、皆時好《じこう》にかなひしかは、十余年の間発跡《ほっせき》して一二を争ふ地本問屋になりぬ……。通油町なる地本問屋鶴屋蔦屋二店にて毎春印行せる臭草紙《くさぞうし》(黄表紙)は、必作者を択《えら》むをもて、前年の冬より発兌して、春正月下旬まで、二冊物三冊物一組にて、一万部売れざるはなし、そが中にあたり作ある時は、一万二三千部に至る事あり、猶甚しく時好に称ひしものあれば、そを抜出して別に袋入にして、又三四千も売る事ありといへり。

天明七年(一七八七)、天明三年よりはじまった大飢饉により、これまで積りつもっていた民衆の不満が爆発し、江戸をはじめ関東以西の主要都市に打ちこわしが連鎖的におきた。打ちこわしは五月に集中し、六月には松平定信が老中首座《しゅざ》として改革に着手した。すでに前年八月失脚した田沼意次はこの年十月閉門を命ぜられ、田沼にかかわりのあった老中・若年寄以下役人たちが役職からおわれ、文武がやかましく奨励された。江戸市民は政界の急変に深い関心を示し噂は噂をよぶ。蔦屋は江戸市民の時事についての関心のもり上がりを見のがさなかった。かれは当世の穴を政治社会面にうがつという趣向をもって後々まで語りぐさとなる大評判をかちとった。

まず、朋誠堂喜三二にすすめて『文武《ぶんぶ》二道万石通《にどうまんごくとおし》』を書かせた。文武奨励のもとで、のらくら武士が狼狽する様を、定信のまじめすぎて江戸市民のセンスとは遠くずれている政策への諷刺をもこめて滑稽に描いたものである。恋川春町は蝦夷（北海道）におけるロシア人との密貿易の噂を取入れるというアイディアで、『悦贔屓蝦夷押領《よろこんぶひいきのえぞおし》』を書いた。京伝も蔦屋のもとめに応じて『将門秀郷時代世話《じだいせわ》二挺鼓《にちようつづみ》』を書いて佐野・田沼の刃傷《にんじょう》事件を取入れた。いずれも大評判、「就中《なかんづく》、文武二道万石通古今未曾有の大流行にして、早春より袋入にして、市中を売あるきたり（天明八年正月新板也）画は喜多川歌麿の筆なりき、赤本の作ありてより以来かばかり行なはれし者は、前代未聞の事」であった。

これに味をしめて、天明九年（寛政元＝一七八九）正月売出し用として、恋川春町に書かせたのが『鸚鵡返文武二道《おうむがえしぶんぶのふたみち》』で、これまた「弥益《いやまし》行れて、こも亦大半紙摺りの袋入にして、二、三月ころまで市中を売あるく」という状況であった。同正月には京伝の『飛脚屋忠兵衛仮住居梅川奇《き》事中《じもなか》洲《す》話《わ》』も売出された。これは田沼失脚にからんで処刑された元勘定組頭土山宗次郎孝之と遊女誰袖《たがそで》の一件に取材している。唐来参和は定信の改革政治をもっとも痛烈に諷刺して『天下《てんが》一面鏡梅鉢《いちめんかがみのうめばち》』を書いた。これが発売されるや、われもわれもと買いにくるので、店で製本をしているいとまもない。中味に表紙ととじ糸を、そのままのせて売ったということである。

さらに、これは蔦重の板ではないが、石部琴好（本所亀沢町町人松崎仙右衛門）は、『世直大明神金塚之由来黒白水鏡』で佐野刃傷事件を書いたが（寛政元年刊）、江戸での印刷物に「世直し」なる言葉が登場した最初の例であろう。

四　寛政改革の中の蔦重

政治諷刺の黄表紙

蔦屋の黄表紙が時事に取材して、つぎつぎと大当たりをとったことは、当時の出版業者にとって、大変な衝撃であったにちがいない。これまでの洒落本や狂歌絵本などは、売れる売れると思っていたが、〝通〟の人が作り、〝通〟の人が買い求めるという、どちらかといえば、一般大衆をそんなに読者として重視していない、まあ文芸界内部の自給自足的な刊行物であった。その点、黄表紙は漫画絵本であるから、もともと大衆性をもったものであった。しかし、蔦屋が、政治的題材をこのようにとりあげ、そしてこのように売れるとは予想もしなかったことであろう。また、そんなことはできるとも思っていなかった。蔦屋だからできたのである。

蔦屋の黄表紙の成功の江戸市民に対する波及効果も大きかった。江戸市民のうちの識字階層をいっきょに黄表紙、さらにさまざまな書物の読者にひきずりこんだといっても過言ではない。いや黄表紙は絵が主体で、しかも本文はひら仮名なのであるから識字層などとむずかしいことを言わなくてもよい。黄表紙の絵にはさまざまな寓意《ぐうい》がある。文を読んでその謎ときをするのが楽しいのだ。文字に関心をもたなかった人々にまで、蔦重の黄表紙は、読もうとする気を起こさせるものであった。読んでみると面白い。例えば、

中扉九十九頁の上の絵は仁政ゆきとどき、大豊作で百姓も大喜びのていである。「仁政の君（松平定信のこと）いで給ひしを天も感応ましましけるか、国々五穀豊かにして……」

百姓「あぜの落穂でも百姓のくらしほどはたくさんござります」「もっと御取箇《おとりか》を増して納めませふ。来年分も先納にいたしませふ」

役人「すこしづつは未進《みしん》をしても苦しゆうない。検見《けんみ》には及ばぬ」

などと現実の百姓たちにとっては夢のような会話。しかし、右の方に描かれた母と子の会話は現実である。

子供「かゝさままんまをくんべい」

母「わやく（ふざけたこと・むりなこと）を言ふとお役人さまにしばらせるぞ」

なにげなく描いているが、現実の百姓は、おまんまも食えないでいることをいっている。江

戸の中以下の人々は、国元で没落し食いつめて江戸に流入してきたものが多かった。いくら定信が改革だ仁政だといっても百姓の現実とはほど遠いことを痛くついている。

中扉九十九頁の下の絵はどんな意味をもっているのであろうか。

「家にねずみに国に盗人《ぬすびと》などは、くすりにしたくてもなく治りければ、かかる目出度き御代に戸をたてるでもあるめへ、いらぬものさと、壱人《ひとり》が戸を打ちこわすと、家並にこれはもつともと、てんでに我家〳〵の戸を打ちこわし、誠にとざさぬ御世とはこのときをや申へき」として、天明七年五月の江戸中大打ちこわしを露骨に戯画化して、定信のいう仁政は庶民にとって本物かどうかを諷刺している。会話はまさにブラックユーモアだ。

町人一「しつかと戸をこわしませふぞ」

町人二「あの若衆めはきつい力だ」

町人三「天狗《てんぐ》のやうにはたらくやつだ」

大槌《おおづち》をもった男「いさいかまわづ戸をたゝきこわせ〳〵」

女「ありがたい世の中だ」

天明七年の大打ちこわしで、米屋におしかけた群集の先頭には、天狗のように身軽な若衆がいて、あっちだこっちだ、こわしはしても盗みはするな、と大声をあげて働いたという。

そのことは江戸中の人が知っていることである。ほんとうの仁政が行なわれなければ、いつでも打ちこわしが起きる、といわんばかりの絵である。

定信による絶板処分

松平定信の政治は、ほんとうに百姓や町人の生活を楽にし、この絵に示されたようなことの万分の一も実現するであろうか。ほんとうに貴方の政治は仁政として期待していいのですかい、と問いかけているのであろう。定信にとっては大変に痛いことであった。この黄表紙は『天下一面鏡梅鉢』からとったものである。作者は唐来参和である。参和といえば、あの幕臣から追放された男である。数年間も、歌麿とともに蔦屋方に寄宿し、やがて遊女屋の主人となる鈴木庄之助である。定信の偽善をつくのにもっともっと書きたいことのある人間であった。しかし、死罪にはなりたくはない。島流しもいやだ。ふざけ半分の諷刺で逃げ、しかも読者にうったえたいことを書く実験があった。定信は、作者を逮捕はしなかったが蔦重刊のこれらの黄表紙をつぎつぎと絶板に処した。

松平定信は、老中首座に就任して政治の実権を握るや、隠し目付を市中に放って、吉原あたりで遊んでいる武士の素行を調査させている。隠し目付が、ある旗本の遊興ぶりをとがめたところ賄賂《わいろ》で買収されてしまった。たちまち隠し目付は収賄罪で捕えられた。隠し目付にまた隠し目付がついていたのである。

町奉行配下に定廻《じょうまわ》り同心という役職があった。定信はこれに加えて臨時廻り、隠密廻りという市内巡廻の係りを設けさせている。かれらの任務は、市民生活全般についての調査・監視に当たるのであるが、とくに異説・流言の取締りが重要視されていた。かれらには新刊書物とそれについての町方の評判を調査する任務もあった。はては夕涼みの場所でささやかれる噂、賑いの有様まで報告しなければならなかった。

庶民の生活、風俗、意識の調査とともに、武士の生活ぶりにも鋭い目がそそがれた。とくに吉原で通人ぶりを発揮し、遊興にふけることの多かった狂歌・洒落本・黄表紙の作者に対する探索が行なわれた。それでも帰る所のある武士はよかった。本来のあるべき生活にもどればよかったのである。蔦屋重三郎にはさがる所はない。かれには、新しい諷刺的黄表紙の大成功によって、語りかけるべき読者、自分に期待してくれている読者がいた。そこから離れていくことは、江戸っ子蔦重としてはできなかった。

こうした点では、黄表紙・洒落本における天才作家との世評をえていた山東京伝も同じであった。京伝は石部琴好作の絶板書『黒白水鏡』（世直大明神金塚之由来）の絵を担当した。石部琴好は本所亀沢町の町人松崎仙右衛門と伝えられるが、かれは数日の手鎖の後、江戸から追放されたという。京伝もまた罰金刑をうけた。天明九年（寛政元＝一七八九）のことである。が、かれの筆力は落ちなかった。寛政二年には蔦屋方から黄表紙・洒落本それぞれ三点以上を刊行し、吉原細見の序文を書いた。さらに、三年正月の発売にそなえて、まだまだ書きたいアイディアがたくさんあるとばかりに準備にとりかかっている。とくに三点の洒落本『娼妓絹籭《しょうぎきぬぶるひ》』、『仕《し》懸文庫《かけぶんこ》』、『青楼昼之《せいろうひるの》世《せ》界錦之裏《かいにしきのうら》』には大いに工夫をこらした。蔦屋も狂名蔦唐丸の名前で黄表紙をかき『本樹真《もときにま》猿浮気噺《さるうわきばなし》』と題して、読者の期待に応えようとした。

寛政の出版取締り

寛政二年（一七九〇）出版取締りに関する触書が相ついで出された。この年二月、町奉行から書物問屋仲間に対して、「当時流布致候書物題号目録に相認差上」よとの下命があり、これはすぐに京坂の書物屋仲間にもおよぼされた。つづいて五月、出版取締り令が発せられた。その骨子は次の八点である。

(1)　書物双紙類の新規の仕立ては無用、どうしてもというのであれば奉行所の差図をうけよ。

(2)「当分の儀」すなわち時事をすぐに一枚絵などにして板行することは禁止する。
(3) 新板物で「猥成儀《みだりなるぎ》異説を取交《とりまぜ》作り出候儀」は特に厳重に取締る。
(4) 好色本は絶板のこと。
(5) 新板書の奥書には必ず作者・板元の実名を入れよ。作者不明の書物を売買してはならない。
(6) 双紙絵本などで古代のことによそい「不束成儀《ふつつかなるぎ》」を作り出すのは禁ずる。在り来たりのものでも華美を尽し潤色を加え、あるいは高値に仕立ててはならない。
(7)「浮説之儀、仮名書写本等ニ致し、見料を取、貸出候儀」は禁止。
(8) 書物屋ども「相互の吟味」を厳重にせよ。

同じく寛政二年の十月、再度出版取締り令を発するとともに、地本双紙問屋たちに対し、新板吟味をなおざりにしているから、行司を立てて「商売筋入念取締可レ致候」と申付けている。さらに十一月には「書物屋共の外ニ貸本屋世利本屋《せりほんや》（書物の小売商い人）と唱、書物類商売致し候者有レ之、壱枚絵草紙問屋之外ニも同様之商売致し候者有レ之」と聞いているが、彼らの板行書を行司改めにかけてはならない、としている。つまり仲間外出版禁止令である。

これら町触の取締り効果をあげるべく、見せしめとして摘発されたのが蔦屋板の山東京伝作洒落本三部であった（寛政三年）。処罰理由はきわめて単純、「町触も有レ之候処等閑《とうかん》に相心得放埒之《ほうらつの》読本《よみほん》売買致候段不届《ふとどき》」というにあった。作者京伝は手鎖《てじょう》五十日、板元蔦屋は身上に応じ重過料（身上半減の闕所）を申付けられた。また、蔦屋の洒落本出版を認めた地本絵双紙屋仲間行司二人は軽追放に処されたが、蔦屋は金子を与えて立ちのかせたという。この行司は「素より地本屋の夥計《なかま》なれども、裏長屋住ひにて冊子の仕立を生活にせしものなれば、はじめ蔦重の件の小本を印行せし折、禁する事あたはす、因て此不慮の罪を得たり」といわれている。前年十月、仲間行司立てを命ぜられた蔦重ら大手地本問屋は、形式的に行司立てを行なって事態をのり切ろうとしていたことがわかる。

寛政四年（一七九二）には林子平の処罰があった。『三国通覧図説』と『海国兵談』は絶板、子平は仙台藩家臣兄嘉膳のもとに蟄居、出版に関係した須原屋市兵衛は重過料に処せられた。この年、かつて須原屋市兵衛方からさかんにその著書を発行した森島中良は石井庄助とともに松平定信の家臣に登用され、蘭学研究方を申付けられた。定信の容赦ない思想統制の展開であった。このなかで安永―天明期の「市民的批判派」グループは解体した。

出版規制のなかで写楽絵を刊行

文人グループの解体とあいまって、寛政三年の処分は蔦重にとって大変な痛手であったにちがいない。しかし執拗な企業家精神の持ち主であった蔦重は、へこたれなかった。やがて寛政六〜七年、写楽作品の華麗なる大量出版を遂行した。わずか十か月の間に百四十数点の写楽絵を出すというのは、利益を度外視した営業であろう。蔦重最後の出版の限界への挑戦のような気がしてならない。寛政五年の定信退陣で取締り緩和の見通しをもったのであろう。しかし奉行所は七年九月、秘戯画取締り・板木削落《けずりおと》しを行なうとともに、一六文・一八文・二〇文以上と三段階あった錦絵のうち二十文以上の品摺立停止を命じた。これでは、あの写楽絵の豪華版はだせない。蔦重は強い出版規制のなかで、激動の生涯をおわる。

こうした晩年の蔦重の所で、手代をしていたのが若き日の滝沢馬琴であり、寄宿して刷り用の紙にドウサをひく（刷ったとき染料がにじまないようにみょうばん水をぬる）仕事などをしていたのが十返舎一九である。かれらは、処罰された蔦重はどうであったか、写楽絵刊行の店の状況はどうであったか、写楽は何者か、証言を残してはいない。蔦重は近眼でめがねをかけており、冗舌の人であったという。しかし、馬琴や一九の前では、罪をえた苦悩や写楽絵刊行の興奮をあから様には出さなかったようだ。

蔦重の最期

蔦屋重三郎の成長と人となりを、前節のはじめに、石川雅望起草の『喜多川柯理墓碣銘』の前半の部分によって紹介した。いま、蔦屋の最期を述べるに当たって、その後半を示してみよう。

丙辰秋得重痾弥月危篤《ひのえたつのあきじゅうこをえつきをかさねてきとくたり》　寛政丁巳夏五月初六日《かんせいひのとみなつご　がつしょむいか》謂人曰《ひとにいいていわく》　吾亡期在午時《われのほろぶるときはうまのときにありと》
因処置家事訣別妻女《よってかじをしょちしさいじょにけつべつす》　而至午時笑又曰《しこうしてうまのときにいたつてわらつてまたいわく》　場上未撃柝何其晩也《ばはあがれるにいまだげきたくせずなんぞそのおそきやと》
言畢不再言《いいおわりてふたたびいわず》　至夕而死《ゆうべにいたりてしす》　歳四十八《さいはしじゅうはちなり》　葬山谷正法精舎《さんやしょうほうしょうじゃにほうむる》　予居相隔十里《よのきよとあいへだつことじゅうり》
聞此訃音《このふいんをきき》　心怵神驚豈不悲痛哉《しんじゅつしんきょうあにひつうせざらんや》　吁予胥壌間一罪人《ああよはしょうじょうのかんのいちつみびとなり》　餘《よ》命惟怙知己之恩遇而已《めいただたのむはちきのおんぐうのみ》
今既如此《いますでにかくのごとし》　嗚呼命哉《ああめいなるかな》　銘曰《めいしていわく》
人間常行《じんかんのじょうぎょう》　載在稗史《のせてはいしにあり》
通邑大都《つうゆうのたいと》　孰不知子《たれかしをしらざらん》

重三郎は、寛政八年の秋に不治の病にたおれ、ついに立たず翌寛政九年（一七九七）の五月六日に四十八歳で死去した。死するその日、自分は午《うま》の刻、つまりいまの昼十二時に死ぬのだと言い、自分なき後の家のことをさまざま指示し、妻に別れをつげた。午の刻とは何かいわれがあるのだろうか、筆者にはわからない。

撃柝の音

午の刻になると重三郎は側の人々に笑いかけていった。「場上未撃柝何其晩也《ばはあがれるにいまだげきたくせずなんぞそのおそきや》」と。撃柝《げきたく》とは拍子木を打つことである。場上とはある場面の終わること、を言っていると解したい。「もう終わったのに、まだ拍子木がならない。おそいではないか」。これが重三郎の最後の言葉であった。「いき」と「はり」をもって精一杯生きぬいてきた、江戸っ子らしい最後の一言であった。死の床にあっても、撃柝のひびく劇場の興奮がよみがえるような、芝居愛好者でもあったのだろう。最後の一言をつぶやいて静かに目をつぶり、再び口を開こうとはしなかった。夕方に息をひきとり、遺骸は山谷の正法寺に葬られた。

石川雅望はその時、江戸を去る十里の地にあった。雅望は狂名を宿屋飯盛《やどやのめしもり》という。家業は馬喰町の公事宿《くじやど》であった。和漢の学に通じ、天明年間には大田南畝の弟子として狂歌界で華やかな活動を展開している。かれが編集した狂歌集は多く蔦屋から刊行された。重三郎の親友の一人であった。寛政三年三月、山東京伝と重三郎が出版統制令にそむいたかどで処罰されたが、同年六月、雅望もまた奉行所に召喚された。雅望の家業、公事宿とは訴訟関係の農民が江戸へ出て来たときに宿泊する特殊な宿であった。公事宿は訴訟関係の農民を泊めるだけでなく、文書を代書したり、訴訟手続きを教示・代行した。

雅望は、不当に代書料をとったり、わざと宿泊がのびるようにして利益をむさぼったと訴えられたのであった。蔦重一味の公事宿主人に対する圧迫であったのかも知れない。弁解はききとどけられず、雅望は家業停止、江戸追放に処せられ、重三郎死去の寛政九年当時、まだ江戸に入ることを許されなかった。「予居相隔十里《よのきよとあいへだつことじゆうり》」「吁予霄壌間《ああよはしょうじょうのかんの》（天地の間の）一罪人《いちつみびとなり》」とは、そのような境涯を云っている。「惟怙知己之恩遇而已《ただたのむはちきのおんぐうのみ》」。苦境にあった雅望に、自らも財産の半分を没収されるという打撃をうけた重三郎が、出来るかぎりの経済的援助と温いはげましを与えていたのであろう。雅望が「心怵神驚《しんじゅつしんきょう》」の悲歎に暮れたのは当然であった。

人間常行

最後の銘文はどう解釈すべきであろうか。最初の一句を人間《にんげん》の常行《じょうぎょう》と読まずに「じんかんのじょうぎょう」と読んでみた。江戸っ子の喜び悲しみにいろどられた日常の生活、さまざまな事件を言っているのだと思う。稗史《はいし》とは民間の出来事に取材した小説のことである。重三郎が出版した多くの黄表紙・洒落本はまさにこの稗史に当たる。江戸っ子の生活とその哀歓は重三郎刊行の稗史に書き尽されている、みんながそれを読んでいる、江戸八百八町で君を知らない者がいるだろうか、江戸の人たちみんなが君の死を悲しんでいる、以て瞑すべし、と雅望は詠じたのである。

Ⅳ

化政文化と出版

［前頁図］
蔦屋の店頭　北斎画『画本東都遊（あずまあそび）』に描かれた蔦屋。店先の箱形の看板に富士山（ふじやま）形に蔦の葉のマークが見える。店員たちが忙しく製本作業をしている。ただし，これが描かれた頃は，初代蔦屋はすでになかった。（国立国会図書館蔵）

一　続発する筆禍事件と禁書

時事報道板行の取締り

寛政五年（一七九三）七月、松平定信は老中を辞した。これで改革政治は再び放漫な政治へと転じたであろうか、出版取締りも緩和されたであろうか。そうはならなかった。定信が去った後の老中首座についたのは、定信の信任厚かった松平信明であり、ほかの老中のメンバーも若年寄も定信の挙用にあずかった人々であった。かれらは「寛政の遺老」といわれ、文化期に至るまで寛政改革の基調は守られた。したがって出版取締りもゆるめられず、かえって厳しくなり、寛政二年の取締り令は強力に励行された。すでに述べたように幕府が特に警戒したのは㋐「当分之儀《とうぶんのぎ》」（時事的なこと）、「猥成儀異説《みだりなるぎいせつ》」「浮説之儀《ふせつのぎ》」を一枚絵や書物にすることであり、㋑華美・好色であり、㋒無届け秘密出版であった。これらを徹底して取締ったのである。

右の㋐は出版が必然的にジャーナリズムの側面をもつことについての警戒とみてよいであ

ろう。定信退任の翌月（寛政五年八月）町奉行からつぎのような触れが出された。

近頃、世間の噂事や火事の場所を刷り物にして売歩く者がいる。かれらは板木屋仲間外の者に彫らせて板行し、本屋仲間の改印もうけずに売歩いている。これは不埒《ふらち》之至りである。かような連中は厳罰に処する。

これは、瓦版《かわらばん》＝読売《よみうり》の横行についての取締りである。当時幕府は、定信失脚についての巷《こう》説街談《せつがいだん》（まちの噂ばなし）が刷り物になることをとくに恐れていたのであろう。時事に関する報道及び論評の板行はとくに厳罰に処せられた。例えば、寛政十二年（一八〇〇）につぎのような事件が起きている。

江川町（いまの馬喰町辺）弥助店の板木師清八・宇兵衛の両人は、前々から「おとし咄」・「異説珍事」を板行にして売歩いていた。この年正月下旬、清八が品川辺の水茶屋で旅人の姿をした者から大坂表の米その他の諸商品の高値を聞き、ふと大坂表の最近のようすを書物にして板行することを思いついた。清八・宇兵衛は近所の市五郎・鉄五郎をさそって、大坂表の物価高、打ちこわし騒動の有様、歌舞伎役者の評判などを本にして彫り立て、山の手を売歩いたというのである。奉行所ではたとえ事実であろうとも「異説珍事」板行禁止にふれるとして、清八・宇兵衛を「敲之上江戸払い」《たたき》に処した。同時に町名主を通じて江戸中に

「異説珍事」板行取締りが触れられた。

貸本屋の暗躍

時事問題に関する板行の取締りが厳しくなると写本のままで流布することになる。写本秘書の取扱いを得意とする貸本屋の暗躍が目だってくるのである。例えば享和年中に「中山物語一件」がおきている。この事件は馬琴らの『兎園小説《とえんしょうせつ》』十二集に見えている。

中山物語といふ俗書の世に行はるることありけり。こは京師《けいし》（京都）の人の手に成りたるにや。あらぬ事をのみ書きつめて、禁忌《きんき》に触るることのさはなるを、奇を好むもの虚実をも得考へぬ、俗客の玩《もてあそ》ぶこと少からず。ここをもて、貸本屋などといふ者は、二本も三本も写し取りて、ここかしこへ貸したりければ、おほやけにも聞し召されて、厳禁を加へられ、写しとりたる本屋どもは、おん咎を蒙りて、写本はすべて焼き捨てられ、それをとり扱ひたるもの共には、おのも（ママ）おのも過料をたてまつらしめ給へり。こは享和中のことにぞ有ける。

この一件は宮武外骨『筆禍史』にもとりあげられており、その解説によると、『中山物語』とは「光格天皇の御実父閑院宮典仁《かんいんのみやすけひと》親王に太上《だいじょう》天皇の尊号を贈り、其御賄料《おんまかないりょう》として毎年千石宛の献納ありたき旨、帝室より幕府に請求し、寛政五年正月議奏中山愛親《なるちか》江戸に下りて、幕府の承認せざるを難詰し、老中松平定信と激論して同人を閉口せしめたりといへる物語」であった。いわゆる尊号事件に関することが貸本屋の手によって民間に広く流布されていたのである。「中山物語一件」には後日譚《ごじつたん》があった。当時、軍書を講談して生活していた瑞龍《ずいりゅう》軒《けん》なる者、難波町《なにわちょう》（いまの日本橋人形町）の居宅でひそかにこの物語を講談した。禁忌の物語だというのでかえって夜毎大勢の者が集まった。ところがお上ではひそかに人を遣して聴衆にまぎれ込ませていた。今日で終わりという日に瑞龍軒はたちまちめし捕られて投獄されたというのである。

あいつぐ洒落本の絶板

享和二年（一八〇二）正月には「小冊物《しょうさつもの》四拾五通」が一括して絶板を命ぜられるという事件がおきている。小冊物とは洒落本の類であろう。馬琴の『近世物之本作者部類』に「寛政八九年の頃、当年洒落本の新板四十二種」が絶板とせられたと見えているが、これは馬琴の記憶違いであろう。馬琴はこの事件をややくわしく紹介して「板元を穿鑿せられしに、多くは貸本屋にて、書物屋は二人あるのみ、町奉行所へ召出されて吟味ありしに、其洒落本作者は、武家の臣なるもあり、其家人さへ有ければ、申立るに及はす、皆板元の本屋が自作にて、地本問屋の行事に改正を受けす、私に印行し、不調法《ふちょうほう》の由をひとしく陳申《のべもう》ししかば、件《くだん》の新板の小本四拾二種はさらなり、古板も洒落本と唱ふる小冊は、此時皆町奉行所へ召拿《めしとら》れて、遺《のこ》り無く絶板せられ、それが板元の貸本屋等は、各過料三貫文にて赦れけり、そが中に馬喰町なる書物問屋若林清兵衛は、貸本屋等と同かるべくもあらず、享保巳来の御定紋を弁へ在ながら、制禁の小本を私に印行せし事、尤不埒《もっともふらち》也とて、身代半減闕所《しんだいはんげんけっしょ》にて、其罪を宥《ゆる》められ、又日本橋四日市なる書物問屋上総屋利兵衛は先年もかかる事あり、今度も再犯たるにより、軽追放せられけり」と述べている。但し『類集撰要』には馬琴が軽追放に処されたといっている上総屋利兵衛のことのみを記録している。それはともかく、寛政・享和期の洒落本出版に貸本屋の活動著しいものがあったことに注目したいと思う。

なお、花屋久次郎刊の『柳樽《やなぎだる》』初篇から二十九篇まで、其筋から干渉をうけて享和年間にさしさわりのある句を削除せざるを得なくなったという事件は、右の一件とともに、享和年間の出版統制のきびしさを伝えている。

文化二年（一八〇五）には「観延政命談一件《かんえんせいめいだんいっけん》」がおきた。これは江戸谷中日蓮宗延命院事件を品田郡太夫なる者が『観延政命談』と題する読本十六冊に綴《つづ》り「貸本渡世の者共」へ売渡したのが不届《ふとどき》ということで「江戸払い」（江戸から追放）に処せられた事件である。右の写本を買取って賃貸した貸本屋十五名も手鎖の刑に処せられた。

『北海異談』が禁書となる

文化五年には「北海異談一件」が大坂においておきている。これは「近来蝦夷地《えぞち》（北海道）へ異国人渡来之異説を認メ……合巻十冊に編立『北海異説』と表題を記し五兵衛方（貸本屋）へ売渡し候始末不届至極」であるとされ、この書物の作者南豊事（亭？）永助なる講釈師は引廻しの上獄門に処せられた事件である。蝦夷地へのロシア人渡来のニュースを駿府本通り忠四郎より仕入れて南豊に送った無宿講釈師秀弘は遠島に処せられた。ほうぼうに写本でばらまかれた本はきびしく行方が詮索され、すべて没収された。その写本を取扱った本屋六人、大坂本屋仲間の年行司二人も処罰された。

『北海異談』（北海異説ともいう）は、どんな内容で禁書に指定されたのであろうか。これは、寛政四年のラクスマンの来航、文化元年のレザノフ来航、文化三、四年のロシア船の樺太、エトロフ、利尻島襲撃を書いたものである。最後は箱館沖日露大海戦という架空の戦いを描いて終わっているが、内容のはばの広さ、幕府の動きについての情報はなかなかのものである。

はじめに「北海第一の英傑」ロシアの状況を概観し、林子平が『海国兵談』で警告したことの的中ぶりを論じ、定信の防衛政策に及ぶという書き出しである。また、大黒屋幸太夫のロシア見聞を記したくだりは、当時、民間に流布された幸太夫に関する噂話の内容をよく示して面白い。さらに、蝦夷地の騒動と日本防衛軍の出動をこまかく述べる（事実相違、誇張など多くある）など驚くべき内容である。最後には外国勢力の日本接近に幕府はいかに対処しようとしているのか、国民に全く知らせない幕府の政策に、批判を加えて終わる。なお、この本のネタを仕入れた無宿講釈師秀弘は文化七年流されて八丈島に送られたが、当地にあって曲亭馬琴の『椿説弓張月』執筆の八丈島関係の資料収集に関係したという。このような被処罰者としてしか資料上にはあらわれない「無宿講釈師」の研究も、今後必要であろう。

寛政二年出版取締り令の第二の要点は、浮世絵・絵草紙の華美・好色の禁圧であった。寛政五年、定信の老中辞任ののち、華美・好色の刷り物が地本屋店頭にあふれてきたらしい。寛政七年九月、好色浮世絵の一斉取締りが行なわれ、板木削落《けずりおと》し、絵は水につけて腐らせるという処分が行なわれた。同時に、浮世絵の値段を十六文以下におさえるべきことを命じている。こうした取締りは、寛政八年、同十一年と行なわれ、また、取締り係りとして、数名の町名主が選ばれた。板木屋が浮世絵の彫りの注文をうけたとき、注文者の名前をつけて、下絵に彩色をつけ、摺《すり》上った形にして名主の検閲をうけるのである。板木屋は、一人一人これを守ることの誓約書を出させられている。

享和二年（一八〇二）二月には、絵草紙・読本類についての取締り強化令が下った。これまた遊興の体《てい》を書いたもの、好色にすぎるものの取締りであった。好色のものは書本《かきほん》もいけないとされた。

浮世絵・絵草紙・読本への規制

文化元年（一八〇四）五月、『絵本太閤記』絶板命令が下った。この本は大坂の書物屋六名の共同出版で、一編十二巻ずつ、この年までに七編まで発刊された。江戸でもたいへんな売行きで評判となった。喜多川歌麿・歌川豊国ら江戸の代表的浮世絵師らも太閤記の挿絵を選んで、いわゆる三枚続きの錦絵に仕立てて売り出したのを町奉行が摘発したのである。五月十六日、錦絵・板木残らず取り上げ、歌麿・豊国らは手鎖、錦絵の板元は十五貫文の過料に処せられ、同時に板元の板木を没収すべく、大坂町奉行にその旨連絡をとった。ついで同年中に『絵本朝鮮軍記』『絵本拾遺信長記』も絶板を申し渡された。右の一件を契機にまたまた壱枚絵草紙類出版取締り令が出された。①壱枚絵草紙類で天正のころ以来の武者等の名前を顕して画くことはもちろん紋所や名前等を紛わしく認めてはならない、②壱枚絵に和歌・地名・角力取・歌舞伎役者・遊女の名前などをいれることは今後かまわないが説明などの詞《ことば》書きをつけてはならない、③絵本双紙類は彩色摺りは禁止、墨ばかりで板行せよ、というのである。全くばかばかしいような取締りであるが、徳川が天下をとるに至った事情を書物に書かれたり、絵にされたりして、庶民の論評をうけるのがいやだったのである。

「著述の仕方」の自己規制

さらに文化四年十月になると絵入り読本・同小冊類の検閲強化をはかって絵入り読本《よみほん》改《あらため》掛《かかり》肝煎名主《きもいりなぬし》四名が任命された。肝煎名主らは仕事始めに、当時の人気作者山東京伝を参考人として呼び「著述の仕方」について調査し、肝煎名主の草紙《そうし》読本類吟味《よみほんるいぎんみ》の内意を聞かせている。その後京伝・馬琴が連名で肝煎名主の一人和田源七にあてて口上書を提出した。この口上書は幕府権力への迎合を余儀なくされた作者の創作態度をよく物語っているのでかいつまんで紹介しておきたい。

一、私共は町触れを堅く守り、また「其時々之流行風聞等之儀ハ決而書著し不レ申第一に勧善懲悪を正敷《ただしく》仕《つかまつり》善人孝子忠臣之伝をおもに綴り成丈《なるだけ》童蒙《どうもう》婦女子之心得」になるような事を著述したいと思います。

一、著作について禁忌にふれるような箇所があった場合は、板下写本の段階では申すに及ばず彫刻が完了していても入木《いれぎ》直《なお》しにして改めます。もし板元が「売得《うりとく》に迷ひ」、私共の申し入れ通りに改めない場合は今後著述の稿本は渡さないようにします。

一、私京伝が寛政三年処罰をうけたことを深く肝に銘じており、馬琴も同様に慎んで著述しております。ところが最近「別而剛悪之趣意を専一ニ作り設け殺伐不祥之絵組而已《のみ》を取合」わせて著述するものが多くなってきました。これらは売行きもよいものですから仕方なく私共も少しはそのような絵組も加えざるを得ません。しかし「勧善懲悪の趣意」は失いたくありません。私共に右のような剛悪殺伐の作風を変えるようにとのことですが、私共だけが慎んでも一般には変化がありません。なにとぞ、作者・画師どもを呼んで、一同に厳しく申し渡して下さい。そうすれば、作者・画師共の寄合を開いて、申付けにそむくことがないように、一同相談をすることができます。このようなことを考えましたので内々に申し上げます。

作者の自己規制ここに極まったりというところであろう。右の文中に見える「作者画師共の寄合」なるものはその後もたれたかどうかはわからない。しかし、絵入り読本改掛肝煎名主による地本類への直接検閲制度の確立によって、この後、町人文学がいかに厳しい抑圧のもとで出版せざるをえないかは、ここで説くまでのことはなかろう。須原屋市兵衛や蔦屋重三郎らが目ざした出版革新の方向は、とうてい化政期に継承されたとはいえないのである。

二　化政期出版業の明暗

出版量の増大と質の停滞現象

化政期は近世封建都市、とくに三都がかつてなく繁栄した時期である。江戸では文化の享受層が田沼時代の上層町人中心から、中下層の町人・職人層に拡大し、文化の大衆化が進行した。都市における読書人口はかつてなく増大した。毎年四十種近く発刊される合巻はそれぞれ五千部から八千部も売れ、柳亭種彦の『偐紫田舎源氏《にせむらさきいなかげんじ》』は文政十二年（一八二九）初編を刊行して以来、天保十三年（一八四二）絶板に処されるまで三十八編を出したが、各編一万部以上の売行きであった。書籍の商品化の著しい進展である。化政期の江戸出版界はかつての須原屋市兵衛や初代蔦屋重三郎らにみられた先進的・創造的出版活動を発展的に継承することはできない政治的状況におかれていたことはすでに述べた通りである。したがって、化政期の出版は質的には停滞期であるとしなければならないが、数量的にはかつてない繁栄の時代に入ったのである。書籍市場における江戸の地位はいちだんと大きくなり、江戸で出版された絵双紙読本・浮世絵類の上方販売機構がととのえられてきた。近世前期は、上方中心であった出版界は、完全に江戸中心となったのである。

たとえば文化期の大ベストセラー、十返舎一九『膝栗毛』は販売面でも画期的な意義をもった。『膝栗毛』初編は栄邑堂《えいゆうどう》村田屋次郎兵衛が享和二年（一八〇二）に板行した。以後文政五年（一八二二）までの二十一年間、計四十三冊が刊行された。村田屋は、文化四年（一八〇七）第六編を発刊すると、初編以来の分合わせて十二冊について、書物問屋仲間行司に上方売弘添章（江戸で出版許可を出したことを京坂書物屋仲間に対して証明する書付）発行の申請をした。すなわち『享保以後江戸出版書目』によると「右は是迄肝煎名主方改済候上地本問屋之極印致売来候処、上方ニ而類板も出来候付、当仲間割印致呉候様地本問屋行司より添状を以頼来候ニ付、鶴屋喜右衛門・村田次郎兵衛両人名前ニ而京大坂割印章計り認遣申候」とある。江戸地本が上方売弘めの正式ルートに乗った最初のものといってよい。すでに前年（文化三）『膝栗毛』五編刊行に際して、村田屋は上方での類板書出現に対抗すべく、共同出版者として大坂河内屋太助・江戸西村源六・同鶴屋喜右衛門を加えていたが、文化四年、京・大坂売弘めの割印添章をえて、『膝栗毛』の板権擁護、販売ルートの確保を強化したのである。これは多分鶴屋喜右衛門のさしがねであろうか。鶴屋はすでに享和元年、万象亭《まんぞうてい》（森島中良）の洒落本『田舎芝居』を再板するに当って、大坂凌雲堂《りょううんどう》と提携するという経験をしている。こうした名主改済み読本類の上方割印添章申請は、同じ文化四年十二月に角丸屋《かどまるや》甚助が『長門本忠《ながとぼんちゅう》臣蔵《しんぐら》』について、翌五年に西村屋与八が山東京山『昔語《むかしがたり》紫色挙《ゆかりのいろあげ》』について、西村源六が式亭三馬作『浮世風呂』その他についてなど、つぎつぎとなされるのである。

すでに、初代蔦重は出版取締り強化のもとで江戸市民のみを相手とした地本類の出版の限界をみており、書籍売弘ルートの上方への拡大を目ざしていた。初代蔦重は、京伝作洒落本三部筆禍事件で処罰された寛政三年以後、書物問屋仲間に加入して（これまでの蔦屋は江戸地本問屋仲間――約二十軒――に加入しているのみであった）営業の幅を広げ、上方売弘権を含む割印添章をうけはじめていた。しかし、それは地本双紙類についてではなかった。鶴屋喜右衛門や西村屋与八・西村源六らは、いまや上方下り本への対抗意識をもって地本作りをする段階ではない、上方さらに全国の読者まで視野に入れた出版企画を立てねばならぬ時代に入ったことを鋭く見ぬき、初代蔦重の晩年の上方市場重視の態度をうけつぎ、江戸地本を上方ルートに積極的にのせたのである。彼らは作者と協力して作品趣向にも次々と新機軸を出した。西村屋与八は寛政以後、山東京伝をはげまし、豊国に傑作をものさせ、あるいは柳亭種彦を世に出した功労者である。とくに文化十二年（一八一五）、種彦の正本製《しょうほんじたて》初編『お仲清七』を刊行して好評をえた。以来十余年にわたる大成功をおさめた。この正本製は歌舞伎芝居を草双紙上に再現したもので、種彦・国貞の名コンビでもっぱら視覚に訴えて大いに女性読者に売込んだ。これで名をあげた種彦に『偐紫田舎源氏』を書かせ文政十二年以来十四年間にわたる源氏ブームを演出したのが鶴屋喜右衛門である。鶴屋は文政元年、豊国の挿絵で自作の絵双紙『絵本千本桜』を出して大当たりをとったこともあるという才人であった。

流通路の拡大

化政期は江戸地本類の三都以上の地方への流布も著しくなった。出羽鶴岡藩では文化九年（一八一二）領民に対するぜいたく禁止令の中で「近頃江戸より下りたる新版草紙」を子供に読ますべきでないとした（『山形県史』巻之三）。馬琴の著述活動が都市のみならず地方読者を視野に入れて行なわれ、一九や種彦の作品が全国的に流布したことはこれまでも注目されてきたところである。天保初年ころ、十二月二十日に売出された馬琴の作品が正月十日すぎには伊勢松坂でも売出されるほど本の流通も速くなっていた。

都市においては貸本屋の活動が活発となり、貸本屋から一流板元へとのし上った者もいた。角丸屋甚助や丁字屋平兵衛などがそれである。丁字屋は馬琴の『南総里見八犬伝』を大坂書商河内屋一統と結んで刊行し、さらに春水の人情本を刊行するなど文政以降活躍し、天保期には「関東筋売弘め所」(『夢輔譚』)を称するに至る。しかし、丁字屋は天保改革に際して人情本弾圧にひっかかり、種彦一件で処罰された鶴屋喜右衛門とともに打撃をうけた。人情本作者の為永春水も貸本屋の出身で、書肆青林堂を経営して作者・板元の二役を兼ね、大量の作品を刊行した。

書物問屋・英平吉

書物問屋の中でも注意をひく何人かがいる。地本類にも一般学問教養書にも積極的に手を出す新興書商、角丸屋甚助や英《はなぶさ》平吉(名遵、平吉は通称)などである。かれらの文化年間の急速な発展は目を見はらせるものがある。角丸屋甚助は滝沢馬琴によれば「旧名を甚兵衛と呼て、天明のころまで、元飯田町中坂の裏屋に居り、日毎に下駄を売あるきしかは地方の人下駄甚と呼做《よびならわし》たり、素《もと》より争訴訟を好みしかは、故の白川侯へ駕訴《かごそ》せしことあり、其後本銭を得て、麴町平川町に書籍の開店して、書林の夥《なかま》に入りぬ」(『作者部類』)という者であった。角丸屋の旧名が下駄屋甚兵衛ならば「下駄屋甚兵衛書上」(天明七年、『日本経済大典』所収)として残っている、幕府経済政策の改革に関する意見書(関東郡代伊奈平左衛門へ提出した)は彼のものではなかろうか。「白河侯への駕訴」とは、伊奈役所に書上を提出したことの馬琴の記憶違いであろう。文化五年当時は貸本屋組合に所属して麴町組の世話役をやっていた。同時に書物問屋仲通組にはいっていた。天明年間の下駄甚が寛政のころに貸本屋を開業し、文化初年に書物問屋仲間に加盟するまでに成長したのであろう。小枝繁《こえだしげる》や馬琴の読本、六樹園(宿屋飯盛)の狂歌集、『北斎漫画』などを出版した。

万笈堂《ばんきゆうどう》英《はなぶさ》平吉《へいきち》は文化四年(一八〇七)から十一年までに六十六点の新板を出して、当時としては驚くべき発展を示している。かれは書誌についての知識では当代一流の者であり、自らの研究成果として文化九年に『近代著述目録』(全四冊)を刊行した。ほかにも『叢書目録』『活字板目録』『古板本目録』『日本金石年表』『物語目録』『釈氏叢書目録』などを編集したという。出版書には館柳湾《たちりゆうわん》・太田錦城《きんじよう》・詩仏《しぶつ》・清水浜臣《しみずはまおみ》らの著書が多い。狩谷棭斎《かりやえきさい》や松《まつ》崎慊堂《ざきこうどう》などの江戸の著名な考証学者と大変親しく『慊堂日暦』の各所に「万笈来」がみえる。森鷗外『伊沢蘭軒』一二五に文政四年（一八二一）英平吉が岸本由豆流《きしもとゆずる》の請待舟遊びに蘭軒・余語良仙《よごりようせん》（奥詰医師、五百石）と同席するくだりがあり、上流文人との交遊の様がうかがえる。英平吉は文政十三年（一八三〇）十月五十一歳で没した。その死を松崎慊堂がいかに惜んだかは『慊堂日暦』文政十三年十一月四日の条で知られる。また渋江抽斎《しぶえちゅうさい》・森枳園《もりきえん》の二人も、その著『経籍訪古志《けいじゃくぼうこうし》』に付言して「近日書估具二鑒識一者（このごろの本屋で本のすべてにくわしい者）、前有二慶元堂泉荘一、後有二万笈堂英遵一」とし、英平吉が当時の書誌学の発展に貢献したことをたたえた。慶元堂泉荘とは仲通組所属の和泉屋庄次郎であり、本姓松沢、老泉《ろうせん》と号した書商中の典籍通である。そのほか和泉屋金右衛門や須原屋源助らが化政期の書物についての具眼の士として活躍していた。

厳しかった出版規制

しかしいかに典籍通ではあっても、彼らには田沼時代の蔦屋重三郎や須原屋市兵衛にみられたような出版者としての力強さはどうしても見出せないように思うのである。晩年の大田南畝に出入りした書商雁金屋《かりがねや》清吉（狂名青山堂琵琶丸）は「好古尽癖ありて雅俗に拘らず古書古画雑器のたぐいあらゆる古物をあつむ江戸に名たゝる書林をはじめ骨董舗の輩おの〳〵雅物をあつめて日毎に彼家に立入るよし」（永井荷風「大田南畝年譜」）といわれたが、ここに見られる古書・珍書のブローカー的性格が化政期書物問屋に共通するものではなかったか。松沢老泉や英平吉らの学問的功績は評価しなければならないが、出版者としては保守的側面と解してよいであろう好事家のような性質を持っていたのではなかろうか。英平吉は日頃「極耽二声色一」の生活、つまり酒色におぼれる生活であったという。かつて平吉は酔って、松崎慊堂にこう語った。「人生必死、快死為レ可耳、如二疾疥纏綿《しっかいてんめん》、歳月悩レ人、此苦豈能可レ堪、爾時以為二一場雅謔《いちじょうのがぎゃく》一」と。人は必ず死ぬのだ。まあすっきりと死ねばよいのだ。病気やまよいごとだらけの人生を長らえてもせんのないこと。人生は一場の心よいたわむれの場としたいものだ、といっているのであろう。江戸時代の書商が自分の心を語った言葉としてはまことにめずらしい例である。太平の大江戸にあって、出版の規制はまことに厳しい。したがって自らの生産活動に未来への展望をなかなかもてない。平吉の言葉には、そうした閉塞状況におかれていた化政期出版業者の悲しみが表われているように思うのだが、うがちすぎであろうか。

三　貸本屋の活動

貸本屋の成り立ち

江戸時代に出版業が登場し、たくさんの書物が売り出され、読者も増大の一途をたどった。とはいっても、やはり書物は高いものであった。西鶴の浮世草子は数千円にもなるし、普通の好色本でも二、三千円にもなる。馬琴の読本にいたっては、数冊まとめて帙《ちつ》（むかしのブックケース）にはいったもので十五匁から二十六匁、まあ一万円以上にもなってしまうのはざらである。これでは普通の庶民は書物はなかなか買えないのである。しかし、馬琴の名前は全国に聞え、三都はもちろん、地方都市にも農村にも読者がいたのである。ひまのある富家のご隠居なら借りてきて写すことができよう。いやご隠居さんだけでない。地方の地主の家などには、読本の筆写本があるのは珍しいことではない。若い連中だって筆の使える者は写したのである。それがまた楽しい作業であったのだ。山形県下の各地の写本には、某年某月酒田にて写す、と書いたものが見あたるという。これは酒田港で、西廻りの回船か最上川の川船か、船待ちしている間に借りて写したものであろう。

そうした手作りの本にまじって、読本や合巻なども、少し気をつけて調べていくと、地方の町の町家などに見出すことができる。なかには、「〇〇町　和漢貸本所　〇〇屋」といった印を押してあるものもある。「〇〇町」の所には上の山、酒田、鶴岡、仙台、山形、その他在郷の町の名がある。いうまでもなく、貸本屋の商売道具であった本である。そしてどこにでも貸本屋があったことがわかる。そうしたもと貸本屋本は、現代古書展などで売り出される、江戸時代板本の中にも多く見出される。なかには「一廻り五日限《かぎりひ》　日延《のべ》又貸《またがし》尚見料《なおけんりよう》申受候《もうしうけそうろう》」という印を押したもの、また表紙裏に、本の余白に「見苦き男女の隠躰《いんてい》など画」いては困る、「職分之道具へ疵付《きずつけ》給ふハ僻事《ひがごと》也」などと印刷した紙を貼付したものもあるであろう。

高価であるから写してしまう。しかし、これは誰にでもできることではない。そこで貸本屋なるものが生業の一つとして成り立つことになったのである。

貸本と町人

東京の『文京区史』巻二は、江戸時代の都市生活をさまざまな角度から具体的に描いて、すばらしい区史であるが、その中に、孝行者が父に貸本を読んで聞かせるなどいろいろ孝養を尽してお上から表彰される記事がある。

本郷春木町二丁目藤兵衛店に住んでいた彫物師岩次郎は、両親への孝心厚く享和元年（一八〇一）十月、鳥目《ちょうもく》十五貫文を与えられた。父親吉右衛門は七十歳になるが、十五年前から中風で不自由である。そこで岩次郎は、父の吉右衛門が夜分ふさぎこんでいる時など、あるいは思わず目をさまして気分がすぐれない時などに、貸本など読みきかせてなぐさめたというのである。

また、同じ春木町三丁目の磯右衛門店にいた伝兵衛の娘いわは、寛政七年に表彰され銀五枚を与えられた。いわには夫があったが、なまけ者なので離縁して後家暮しであった。父の伝兵衛は中風で長い病気、彼女は豆腐商売をしていた。父は読本などを好んだので、いわは町内の人たちから借りてきて読んでやった。やがて町内の人の本は借りつくしてしまった。貸本屋から借りたいけれど金がない。見かねた近所の人たちは、同情して、ほかの所から借りてきてくれる者もあった、ということである。

この話から、江戸のすみずみまで貸本屋がいたということ、その貸本さえも貧乏人は借りられなかったこと、町内の本の貸し借りもあって、下層の人の中にも読者がいたことなど、いろいろのことがわかる。

貸本屋の実態

当時、江戸にはどれくらいの貸本屋がいたか。文化五年（一八〇八）の記録によると、貸本屋も地域毎に組を作らされており、日本橋南組・本町組・神田組その他あわせて十二組、合計人数六百五十六人となっている。その頃の大坂では約三百人の貸本屋が活動していた。天保年間（一八三〇年代）には、寺門静軒《てらかどせいけん》の『江戸繁昌記』によると、江戸の貸本屋八百軒と伝えられている。

普通の貸本屋でお得意先が百七八十軒ほど、江戸だけで十万軒に及ぶ大勢の貸本読者がいた。出入りの貸本屋を何軒かもっているような武家や有力商家もあったであろうから、割引して考えても膨大な貸本享受人口である。

滝沢馬琴の娘婿は貸本屋。馬琴の『南総里見八犬伝』など読本出版を行なって著名な本屋丁字屋平兵衛は貸本屋あがり。『春色梅児誉美《しゅんしょくうめごよみ》』など人情本の作家として活躍した為永春水も、もとは貸本屋。飯田町に下駄屋甚兵衛という下駄の行商人がいたが、幕府に貨幣政策や株仲間統制の問題について堂々たる意見書を提出した。やがてこの人物、角丸屋甚助と名の

文化5年貸本屋組合『画入読本外題作者画工書肆名目集』による

日本橋南組	九十五人
京橋南組	百九人
西ノ久保・飯倉・麻生	二十八人
芝金杉・品川三田・白銀・二本榎	三十八人
本町組	七十四人
神田組	六十人
外神田・下谷・湯島・本町	六十四人
浅草	四十二人
本所・深川	四十人
麹町　壱番組	三十九人
四谷組	三十三人
小日向組	三十三人

って麹町や平河町のあたりで貸本屋を開業する。幕府に意見書を出すぐらいの者だから理屈もいい弁も立つ。あの気位の高い馬琴とも喧嘩したりしながら一流の書物屋にのし上り、たちまち五十点以上の蔵板書を蓄積している。

貸本屋は、普通は店にすわって客を待っているのではない。大風呂敷につつんだ書物を背負って得意先をまわるのである。身一つで貸本を営む零細なものも大勢いたであろうが、大きな店になると十人以上も雇い人を置いて営業をしていたと思われる。

貸本屋「大惣」

名古屋の貸本屋として有名な大野屋惣八（略称大惣）の店は、明和四年（一七六七）に創業し、一般市民はもちろんのこと尾張藩士をもお得意として繁昌した。明治三十一年ごろ大野屋の蔵書が整理されたときには、その数一万九千三百四十一部、ほかに置本が千四百二十一部、合計二万六千七百六十八部もあった。その蔵書は、小説類・演劇類など娯楽書・通俗書が多いが、儒・仏・神・易・暦・天文・地理・医学・心学・諸礼・農業など、あらゆる分野にわたっていたということである。（長友千代治氏「貸本屋の役割」・有斐閣選書『近世の文学』（下）所収）

小島広次氏は「大惣」について「貸本屋大惣」という一文の中でつぎのように述べている。

……藩校、私塾、寺子屋とは別な味合いの文化教養保給所である。客の中には一日中、店の片すみに腰をかけ、一冊も借りずに、ただ読みする者もあったというが、店頭はなじみ客たちの文化サロンでもあった。また東海道往来の文人墨客で立ち寄る者が多く、滝沢馬琴、十返舎一九、為永春水、大田蜀山人なども訪れており、かれらのなかには海内無双と称賛するものもあったという。明治期になっても江戸文学の愛好家や研究者に活用された。坪内逍遥は名古屋在住の少年時代、日参して戯作書を乱読し、後年に〝大惣は私の芸術的心作用の唯一の本地、即ち「心の故郷」であった〟と述懐しており、上京後も脚本を書く場合の資料として大量に借覧している。大惣に出入りした著名人には地元出身の水谷不倒、上田万年や幸田露伴、二葉亭四迷、尾崎紅葉などがいる。

書物問屋と貸本屋

こうなると、もう立派な有料図書館とでもいうべきものである。日本近世文化をささえた書物文化の高度さを象徴しているようである。

書物屋でも、この貸本屋を無視しては営業がなり立たなくなったのが文化文政期である。山東京伝は、その著『雙蝶記《そうちょうき》』（文化九年）という読本の序に「板元は親里なり、読でくださる御方様は婿《むこ》君なり、貸本屋様はお媒人《なこうど》なり……貸本屋様方のお媒人口て、かやう〲の娘がござる……と拙をおほひあしきをよきにとりなして、すゝめこんでくださらば、縁どほき此娘も、よき婿君にありつくべし……是則力とたのみ奉るお媒人の貸本屋様のいひなしによる所なり」と、貸本屋をもちあげている。馬琴は、これを読んで、どうしてそのように卑屈になるのかと、ひんしゅくしているが、その馬琴も貸本屋の評判を気にしているし、馬琴の読本の出版も貸本屋が買ってくれなければ板元はやっていけなかった。というのは、比較的値のはる読本類の初版刷りは普通千部であるが、その千部というのは、江戸六百軒大坂三百軒という貸本屋の数から自然にわり出されたものだということだ（前田愛「出版者と読者」・『解釈と鑑賞』二十六―一）。

したがって貸本屋が買ってくれないことには書物問屋の商売もやっていけないし、作家も貸本屋にみとめられねばならない。幕末の作家梅亭金鵞《ばいていきんが》が、安政四年（一八五七）『妙竹林話《しちへん》七偏人《じん》』初編を出したとき、いたる処で好評を博し、金鵞の名が江戸中の貸本屋に知れ、それから作家として身を立てることができるようになったという。金鵞はそれまで版下筆耕《はんしたひっこう》をやっていたのであった。

かくして江戸では、武家屋敷はもとより、町家一般、遊女屋にいたるまで貸本屋のお得意であった。名古屋の大野屋惣八の貸本で坪内逍遥を始めとする明治の文学者たちが読書欲を満たしたように、江戸の人々も明治にはいってもまだ貸本屋のお世話になるのである。

鷗外・花袋と貸本屋

森鷗外は、明治初年の少年時代、貸本屋の世話になったことを『細木香以《さいきこうい》』の巻頭に書いている。

わたくしは少年の時、貸本屋の本を耽読《たんどく》した。貸本屋が笈《おひ》の如くに積み畳《かさ》ねた本を背負って歩く時代の事である。其本は読本《よみほん》、書本《かきほん》、人情本の三種を主としてゐた。読本は京伝《でん》、馬琴《ばきん》の諸作、人情本は春水《しゅんすい》、金水《きんすい》の諸作の類で、書本は今謂《い》ふ講釈種《だね》である。さう言ふ本を読み尽して、さて貸本屋に「何かまだ読まない本は無いか」と問ふと、貸本屋は随筆類を推薦する。これを読んで伊勢貞丈《ていじよう》の故実の書等に及べば、大抵《たいてい》貸本文学卒業と言ふことになる。わたくしは此卒業者になつた。

わたくしは初め馬琴に心酔して、次で馬琴よりは京伝を好くやうになり、又春水、金水を読み比べては、初から春水を好いた。丁度《ちようど》後にドイツの本を読むことになってズゥデルマンよりはハウプトマンが好だと言ふと同じ心持で、さふ言ふ愛憎をしたのである。


鷗外のような士族の知識層の家庭に育ったものだけでない。市井の婦女子も、明治十年代になっても貸本屋のいいお得意であった。田山花袋《たやまかたい》は、自分の四十五、六の伯母の読書生活をつぎのように『東京の三十年』に書いている。


深川の高橋を渡つて、それについて左に行くと大工町。その小名木川《おなぎかわ》の水に臨んだ二階屋の入口の格子を明けて、その板敷で、幼ない私が何か音を立ててゐると、

「何だね、録かえ……。」

から言つて伯母が驚いたやうな顔をして出て来た。

母の姉で、やさしい芝居好きの伯母だつた。伯母は亭主に早く死なれて、針仕事などをして独居してゐた。

……長火鉢の傍には、裁縫《しごと》が置いてあつて、貸本屋の草双紙が読みさしてあつた。芝居好きの伯母はそのをりをりの見物をつひぞ欠《か》かしたことがない位で、団十郎、菊五郎、もつと以前の役者の芸などにもよく通じてゐた。……

「芝居も好いが、お銭がかかるから、それよりも貸本が一番安くつて好い。」

伯母はこんなことを言つて、春水物、近松物などによく読耽《よみふけ》つた。一日裁縫をして、夜、寝る前に一・二時間それに読耽るのが何よりも楽しみだといふことであつた。伯母の胸は、男女の情話や心中や悲しいあはれな物語などにいつも震へてゐた。……

貸本屋の禁書取扱い

こうした貸本屋の活動で注目されるのは、印刷本だけでなく書本《かきほん》（写本）類を大量にかかえて、貸し出したことであろう。しかも、その書本は、大岡越前守が出した享保の出版条目や定信が出した寛政の出版取締り令に違犯するものが多いのである。

前節で、文化五年（一八〇八）、大坂で問題となり、死刑・遠島・追放など多くの処罰者を出した『北海異談』の一件を紹介した。あの禁書中の禁書、『北海異談』の一本が、国立国会図書館に所蔵されている。この本の各丁版心に「大野屋貸本」の文字が印刷されている。

また同図書館に、桂川甫周《かつらがわほしゅう》が大黒屋幸太夫の漂流とロシア見聞の一部始終をまとめた『北槎《ほくさ》聞略《ぶんりゃく》』――これも秘録中の秘録である――があるが、この本にも大野屋貸本が印されている。

また、京都大学に『金氏苛政録《きんしかせいろく》』が所蔵されているが、この類の本も、かつて死刑者・江戸追放者など多くの犠牲者をだした書本である。これにもまた、「尾州名古屋長島町五丁目、大野屋惣八」の印がおしてある。この『金氏苛政録』には明治三十二年四月十二日、京都大学で購入した旨が示されている。先に大野屋が明治三十一年ごろに、所蔵本約二万七千点のうち、約二万点を売払ったことをいった。それらは東大・京大・早大・帝国図書館などに納まったのであった。私が、江戸時代の禁じられた本を追って探し求めていくと、このように大野屋の本に行き当たることが多いのに驚くのである。

出版・言論統制下の貸本屋の役割

貸本屋は、出版統制・言論統制のまことに厳しい江戸時代にあって、とくに政治批判や政治の実態を暴露する文献を読者にひそかに貸し出す人々でもあったのだ。

ところで、『金氏苛政録』に類する本で多くの犠牲を出したといった。この金氏とは、美濃郡上藩主金森氏のことである。

宝暦四年（一七五四）、金森氏の年貢のひどい増徴や、さまざまなひどい仕打ちにたえかねた領民が、大百姓一揆を起こした。農民たちは代表者を江戸に送って老中に何回もかご訴をし、町奉行に訴え、目安箱に訴状を投じた。ついに農民たちの要求が認められ、幕府の評定所の審議にとりあげられた。その結果、老中本多正珍《ほんだまさよし》、西丸若年寄本多忠央《ただなか》、大目付曲淵英元《まがりぶちひでもと》のほか勘定奉行、美濃郡代など、えこひいきの扱いをして、農民の訴えを正当に処理しなかったということでいずれも処罰され、金森氏は藩政不行届のかどで改易《かいえき》（お家とりつぶし）にされた。この一件が、まだ落着をみないうちに、江戸の講釈師馬場文耕《ばばぶんこう》なる者が、事件を講談にしくんで語った。その時の題を「平かな森の雫《しずく》」といった。このために文耕は捕えられ、宝暦八年十二月の末に浅草において獄門に処されたのである。

文耕は並の講釈師ではなかった。現在、各地の図書館に文耕作と考えられる写本の作品が残っている。『近代公実厳秘録《こうじつげんぴろく》』『近世公実厳秘録』や『明君享保録』などは、八代将軍吉宗や大岡越前守についての逸話を集めたもの、『当時珍説要秘録』『宝丙密秘登津《ほうへいみつがひとつ》』『頃日全書《けいじつぜんしょ》』などは、九代将軍家重時代の幕府要人の動きをリアルに伝えて容赦ない批判をあびせたもの、あるいは、秋田佐竹家の内紛を暴露した『秋田杉直物語《すぎなおしものがたり》』、さらに将軍から非人に及ぶ和歌を集めた『当世諸家百人一首』、市井の珍話を集めた『近世江都著聞集』や『江戸百化物《ひゃくばけもの》』、いやもうおびただしい著作をものしている。いずれも、当時の幕閣の人々が読めば腰をぬかすような内容だが、これを講談の中に折りこんで語り、あるいは写本として貸本屋に売ったものであった。これは誰でも読みたい。大名家の書庫にも、これらの写本が多くはいっている。幕府も、文耕の講釈が、百姓一揆と、それに対処する幕府内の処理のまずさにまで及んだのでは捨てておけない。ついに死罪に処した。この時、九名の貸本屋が共に処罰された。貸本屋に対する判決文には、「銘々貸本渡世致し、世上の異説、当時の噂事《うわさごと》流布《るふ》致し候義は停止《ちょうじ》の段存じながらまかり在り、当時の噂事書顕しこれ有る処を家業に取扱候段、不届の至りに付、松平右近将監《うこんしょうげん》殿の御差図に依て、宝暦八年寅十二月廿九日所払《ところばらい》（住所からの追放）これを申付ける」とあった。貸本屋は、元禄時代にすでにいた。享保のころ、河内日下村庄屋日記に、貸本が登場し、河内三田家には貸本屋の出入り帳が残っていて、活動の様子もうかがわれる。しかし、貸本屋が政治批判の文献を貸し出して処罰されたのは、この文耕一件が、いま知られている最初の事件である。

庶民にとっての裏道コミュニケーション

これ以後、かえって貸本屋の禁書取扱いがさかんになったと思われる。禁書秘書は誰でもみたい。とくに、天明・寛政の頃からの貸本屋の活動は活発をきわめたが、寛政以後の言論取締りでは、貸本屋は目のかたきにされた感がある。すでに、本章第一節に示したように、享和年中の「中山物語一件」、享和二年の洒落本絶板一件、文化二年の「観延政命談一件」、文化五年の「北海異談一件」など、いずれの筆禍事件にも貸本屋が連坐し、処罰されている。

文化五年の貸本屋組合所属人数六百五十六人という記録のあることは前述したが、これは、貸本屋の活躍に何とか枠をはめようとした幕府が、貸本屋組合を作らせたときの記録であろう。組合を作らせて、仲間内でお互いに違法のないように監視させ、連帯責任を負わせようとしたものにちがいない。

このような貸本屋の活動は、幕府の出版統制の強化を背景として、かえって権力に対抗する性格を強めたのである。かれらの活動で出版取締り令の禁止事項は骨抜きにされている面もあった。封建的抑圧の中で、しぶとく活動した貸本屋のような、コミュニケーターの存在があってこそ、庶民レベルにおける社会的コミュニケーションが確保された。

正式出版業を出版コミュニケーションの表道とすれば、貸本業はまさに裏道のような性格をもっていた。とくに禁じられたコミュニケーション部分においてそうである。近世後期の庶民たちは、裏道コミュニケーションを通じて、封建的な上からのコミュニケーション秩序に対抗し、武士たちをもその中にひきずりこんでしまっていた。かくして、封建的文化秩序もまた、こうした面から変質していくことになろう。

V 幕末の出版

日本橋通一丁目
唐本 和本 佛書 石刻
書物問屋
須原屋茂兵衛
日本橋通二丁目
唐本 和本 佛書 石刻
書物問屋
嵩山房 小林新兵衛
日本橋新右門町
唐本 和本 佛書 石刻
書物問屋
前川六左衛門
下谷池之端仲町
書物問屋
青藜閣 須原屋伊八
浅草新寺町
唐本 和本 和漢法帖 諸宗御經類
書物問屋
慶元堂 和泉屋庄次郎
日本橋通二丁目
書物問屋
柏葉堂 野田七兵衛
両國橋通吉川町
唐本 和本 和漢法帖 諸宗御經類
書物問屋
文會堂 山田佐助
芝神明前
諸宗御經類 唐本 和本 佛書 石刻 和漢法帖
書物問屋
尚古堂 岡田屋嘉七
本石町二丁目
唐本 和本 石刻 和漢法帖 諸宗御經
書物問屋
萬笈堂 英屋平吉
江戸暦開板所
千代紙 繪半切 錦繪
書物 地本問屋
草紙 表具類 御經
通油町
仙鶴堂 鶴屋喜右衛門
經書 醫書 佛書 神書 歌書 石刻 唐本 和本
馬喰町二丁目角
草紙 錦繪 繪本品々
書物 地本問屋
永壽堂 西村屋與八
日本橋通四丁目
唐本 和本 佛書 石刻
書物問屋
金花堂 須原屋佐助
江戸橋四日市
唐本 和本 佛書 石刻 和漢法帖
書物問屋
桂林堂 上総屋利兵衛
江戸橋四日市
唐本 和本 佛書 石刻 儀太夫丸本
書物問屋
慶壽堂 松本平助
麹町平川二丁目
唐本 和本 佛書 石刻 和漢法帖
書物問屋
衆星閣 角丸屋甚助
中橋廣小路町
書物問屋
北林堂 西宮彌兵衛
日本橋通二丁目
唐本 和本 石刻 諸宗御經類
書物問屋
玉山堂 山城屋佐兵衛

［前頁図］

江戸の大手書物問屋　大坂の中川芳山堂が，文政７年に出した『江戸買物独案内（えどかいものひとりあんない）』。商品別に2,622商店が名を連らねている。ほんやの所に書物問屋41軒，地本問屋18軒がでている。そのはじめの部分がこれ。筆頭に日本橋通一丁目の須原屋茂兵衛があがっている。（神戸大学附属図書館住田文庫蔵）

一　須原屋茂兵衛を追って

須原屋の輪郭

江戸の書物屋仲間が南組を中心に、上方書物屋の出店、あるいは上方縁故の者を追い越して、独自の地位を築いたのは、天明・寛政（一七八一〜一八〇一）のころであった。この発展しつつあった江戸書物屋の中でも中心的存在であったのが、須原屋の人々である。文化初年（一八〇四）には須原屋を屋号とする書物屋が九軒、間もなく十二軒にもなった。この須原屋一統の本家が、千鐘房須原屋茂兵衛家で、日本橋通一丁目に大店を構えていた。代々茂兵衛を名乗るこの店は、いったいいかなる書物屋であったのか紹介しようと思う。

川柳に〝吉原ハ重三《じゅうざ》茂兵衛は丸の内〟というのがある。『吉原細見』を売って吉原を足場として世に聞こえたのが蔦屋重三郎である。〝茂兵衛は丸の内〟とは、須原屋茂兵衛が『武鑑』を売って丸の内の大名・旗本を経営基礎としていることをいっている。この句は、二つの店の対照の妙を詠んだものであろう。『武鑑』刊行店としての須原屋茂兵衛を詠んだ句は多い。

弓取の名を須原屋の袋入
白無垢《しろむく》を召たび茂兵衛袖《そで》を綴《とじ》
白無垢に茂兵衛は袖を綴直し

『武鑑』は諸大名とその嗣子《しし》・江戸家老、老中・若年寄以下、江戸城出入りの御用商人・能役者にいたるまでの姓名・石高・住所などがでている。江戸城職員録あるいは武士名鑑とでもいうべきものである。幕臣でも無役の者は入らない。武士が役付になって召し出された時、白無垢の任官礼服を着る。〝袖〟とは、須原屋から出していた『武鑑』の中に『袖珍《しゅうちん》武鑑』という小型本があったことをいっている。この『袖珍武鑑』は大変売れており、役人が変わるたびに改定したのである。須原屋の『武鑑』にのった武士は、武士の中でも日の当っている人たちということになろう。

須原屋の桜木に載る人は武士
桜木へ武士を須原屋彫《ほ》って売り

明治初期の須原屋について浅倉久兵衛（元禄以来の書物屋）は、つぎのようにいっている。

「通一丁目の丸須（須原屋の印は㊮となっていた）。店土蔵で、右は書物屋、左は薬種屋で、左右の店に各々番頭が居て、紀州店の男世帯でした。其の頃の番頭は清水宗助と言ふ人でしたが、唐本好きで、当時まだ聖堂にあつた帝国図書館へ盛んに納めてゐました。お客が来ると、二階に蔵番が二人位居て店員の取次ぎによつて本を出すと言つた趣向でした。大般若経を買ひに行くと、二階へ上げて会席膳《かいせきぜん》で御馳走《ごちそう》をしました。何しろ昔から武鑑と江戸絵図の板元ですから、須原屋の名は全国へ拡つてをりました。家伝順気散《じゅんきさん》と言ふ婦人妙薬もそれらの本と一緒に諸方へ行き渡りました。

山佐（山城屋稲田佐兵衛）――通二丁目。須原屋に近く、立派な店土蔵、三人の番頭が帳場に控えてゐました。私ども先代の話では、東京中で一番売れた店で、市などの買高では他の全部の店を纏めただけと釣合つたと言ひます。其の位繁昌した店でしたが、客が〝こちらは須原屋さんですか〟と言つて入つてくるので、主人は一生須原屋の暖簾《のれん》が欲しいと申して居たと言ふ事でございます。」

ともかく、江戸日本橋通一丁目には須原屋ありと広く知られた大書商であった。

一大書商

ふり返ってみると、私が断続しながらも、須原屋に関心をもち、この書物屋を追いかけはじめてから、ずいぶんと年数もたつ。しかし、はじめは何と零細な資料しか得られなかったことか。

はじめ須原屋に関心をもったのは、江戸時代の木版本の奥付《おくづけ》を見ていて、須原屋茂兵衛の名前が圧倒的に多くの本にでてくるからであった。いったいこの須原屋とは、どんな書物屋なのか、これまでの江戸の文化研究といえば、作品の形式や内容や、作者・思想家についての研究ばかりで、作品を出版し、世の中に送り出し、作品と読者とをむすびつける役割を果たす書物屋・出版業の人々について研究することがあまりにもおろそかではないのか、などと考えるようになったからである。誰がこの本を出版したのか、江戸時代木版本をみるとまずこのことが気になるようになった。古書店で木版本をみると、まず奥付の本屋の名前をみる。すでに第Ⅲ章で紹介した須原屋市兵衛も、奥付への関心から発見した書物屋であるといってよい。川柳に詠まれた須原屋をいくつかあげたが、これは私が見つけ出したものではない。近世風俗研究会を主催する花咲一男氏が、長年にわたる近世文芸に拠る風俗研究の中で見出されたものである。花咲氏はこれを『江戸のほんや其他』という研究書の中に列挙したのである。そうした先輩の研究をよりどころにしながら須原屋を追ってみたのである。

やがて浮かびあがってきたのは、須原屋茂兵衛の経営を調べずしては、江戸の出版業の基本的動向もつかみえないのではないかと思われる大書商の輪郭であった。

慊堂と須原屋

この須原屋茂兵衛が、化政〜天保期の儒者松崎慊堂《まつざきこうどう》の日記『慊堂日暦』に、しばしば登場することを見出したのは大変な収穫であった。慊堂は在野の古学・考証学の学者である。学識が豊かで人間味にあふれ、上は大名から板木屋職人に至るまで、わけへだてなく付き合う先生であった。目黒羽根沢に石経山房と名づけた書斎兼学塾を営んで、学生の教育に当たり、下総佐倉侯堀田氏や伊予西条侯松平氏の江戸藩邸にも講義にでかける。石経山房には津軽藩御用の米問屋・津軽屋三右衛門すなわち狩谷棭斎《かりやえきさい》が、毎月定まった日に現われて、慊堂とともに古代中国の辞書『説文』の研究を行なう。井沢磐安《ばんあん》や渋江道純《しぶえどうじゅん》（抽斎）など森鷗外の史伝小説で知られる人々も側に侍して勉強をする。慊堂の親しい人たちには、大学頭林述斎《じゅつさい》、その子檉宇《ていう》、鳥居耀蔵（述斎の次男）、各地の代官を歴任する羽倉外記、幕府右筆・屋代弘賢、質屋の主人で漢学者・市野迷庵《めいあん》、その他石田醒斎《せいさい》、塩谷宕陰《しおのやとういん》、小田《おだ》切藤軒《ぎりとうけん》、安井息軒、渡辺崋山などなど、もう挙げていればきりがない。同時代に学問あるいは政界で活躍した人たちが多い。慊堂については、杉浦明平氏が『化政・天保の文人』（ＮＨＫブックス）

の中で書いておられるから、あとは、それをごらん願いたい。

『慊堂日暦』を読み進めていくと、いたるところに書物屋が登場してくる。金花堂須原屋中村佐助、万笈堂《ばんきゅうどう》英《はなぶさ》平吉《へいきち》、玉山堂山城屋佐兵衛、玉巌堂和泉屋金右衛門、名山閣和泉屋吉兵衛ら、多くの書物屋が石経山房を訪れている。その中に、須原屋茂兵衛もでてくるのである。天保七年（一八三六）十月二十六日の条によると、金花堂須原屋佐助の案内で、この日の晩に、渓琴堂《けいきんどう》主人・千鐘房《せんしょうぼう》主人・坂原孝安らが慊堂を訪問している。『日暦』には、それぞれの人物に簡単な注がついている。渓琴堂主人とは大窪天民門（詩仏）の詩人として有名な菊池渓琴のことであろう。慊堂は渓琴に新和泉町河内屋孫左衛門の号と注している。文政七年（一八二四）版『江戸買物独案内《ひとりあんない》』には、孫左衛門は江戸十組問屋に加入している絵具染草問屋兼薬種問屋とある。千鐘房主人とは須原屋茂兵衛であろう。これには、蓼洲《りょうしゅう》と号すと注してある。

私が『慊堂日暦』を読みはじめたころ、富士川英郎氏の『江戸後期の詩人たち』がでて、愛読していたのだが、その中で詩人・菊池渓琴を知った。出身は紀伊国有田郡栖原《すわら》村という。栖原はすなわち須原、菊池渓琴こと河内屋孫左衛門と須原屋茂兵衛は同郷ではないかという思いがよぎる。一緒に慊堂を訪問した坂原孝安は、注によれば紀藩医者の子とある。かれらは紀州を本貫とする人たちであったのだ。

同年（天保七年）十一月四日には、慊堂が日本橋南の須原屋茂兵衛を訪れている。さらに茂兵衛と連れ立って新和泉町（人形町通り）の菊池渓琴宅に赴く。斎藤拙堂《せつどう》・柳川星巌《やながわせいがん》らも来ており、詩を交換し雅談に時を移すのである。

こうした『慊堂日暦』の伝える情景に、須原屋茂兵衛をおいてみると、江戸の上級文人層に、しっかりとくいこんでいる姿を思い浮かべることができる。

以上のことが縁となって、慊堂は、天保八年（一八三七）上梓の『渓琴山房詩』の宣伝役を買わされたり、須原屋・和泉屋らの所蔵本へ跋文《ばつぶん》を書かされたりするのだが、ついには、須原屋茂兵衛有親（蓼洲）の養父浄暁の墓誌銘の撰を依頼されている。この浄暁と思われる須原屋茂兵衛は『斎藤月岑日記』天保九年二月七日の条に、「須原屋茂兵衛病死」とある、その人のことであろう。文人名主として名高い斎藤月岑は、その著『江戸名所図会』『東都歳事記』『声曲類纂《せいきよくるいさん》』『武江年表』などを須原屋から刊行している。同人日記同年二月九日の条に「天気よし、名所図会・歳事記皆出来故《しゆつたいゆえ》、雪旦子《せつたんし》父子、すはらやよぶ。百花園仕出し。……」とあるが、この「すはらや」は浄暁養子有親であろう。それにしても、二月七日先代茂兵衛病死、九日に、いかに町人社会に力をもつ名主斎藤月岑の著書出版祝賀会とはいえ、継嗣茂兵衛出席とはおかしい。この点について、文化年間の一時期に「須原屋店あづかり人佐助」と『書物割印帳』に見えたり、株仲間再興後の嘉永六年書物問屋名簿に「須原屋茂兵衛紀州住宅ニ付店預リ人弥七」などとある所をみると、浄暁は紀州において晩年を過ごし病死したということになろう。

須原屋の系図

慊堂が須原屋茂兵衛有親（蓼洲）に頼まれて、有親の親の浄暁（これはおくり名であろう）の墓の銘文を書いたというが、その墓はどこにあるのであろうか。どんな銘文を書いたのであろうか。花咲一男氏は『江戸のほんや其他』に、須原屋の菩提寺は西浅草一丁目の善龍寺である、と記していた。しかし善龍寺には慊堂撰の銘文をきざんだ墓はなかった。これまでの須原屋関係の資料から推測できるのは、須原屋の本拠は紀州有田郡栖原（現湯浅町栖原）であり本姓北畠氏ということである。浄暁墓銘は紀州栖原の地に残っているのであろうか。それについて、小関洋治氏（和歌山県立海南高校教諭）の協力によって、つぎのことが判明した。

北畠氏は現在無住となっている栖原正明寺（真宗大谷派）の檀家であった。しかし、現在栖原地区には北畠氏の子孫は住んでいないこと、北畠一族の墓所は栖原の施無畏《せむい》寺（真言宗御室派）にあること。そこには慊堂撰の浄暁墓銘はもちろん、恪斎《らくさい》・常念・浄厳・蓼洲・良順ら北畠氏歴代の墓銘も存すること。

小関氏が写し取ってくれた、慊堂の作文になる浄暁墓誌銘の一部をつぎにあげてみよう。

紀之有田郡栖原之墟、有二久保・北畠・垣内三族一以二耕漁一為二其業一、間挟二其資一出赴二江戸一各開二賈舗一、而北畠氏以二書林一尤顕、其一世曰二宗元居士一者万治年間、僦二居今日本橋南一、其旗号曰二千鐘房一、又曰二須原屋茂兵衛一須原者栖原也、僕僮之以レ須為二旗号一者又十余家、遂為二三都書林之魁一、

日本橋南にはじめて店を開いた初代須原屋茂兵衛は名を宗元といい、代々茂兵衛の名をついで、浄暁は七代茂兵衛であった。慊堂の所に出入りした有親（蓼洲）は養子として入り八代目をついだ。墓誌銘はこうした須原屋の経緯を簡潔にのべている。浄暁のほか、代々の墓誌銘によって須原屋茂兵衛家の系図を書いてみるとつぎのようになるであろう（次頁を参照）。

「江戸書林の魁《かい》」

昭和四十九年二月、須原屋代々の墓誌銘を見たいと思い、施無畏寺の北畠氏塋域《えいえき》（墓地のこと）を訪ねた。施無畏寺は、和歌山県有田郡湯浅町栖原にある、明恵《みょうえ》上人開基の名刹《めいさつ》であ

千鐘房須原屋北畠茂兵衛家系図

北畠宗元
紀州有田郡栖原ノ産
万治年間江戸ニ出テ日本橋南ニ書肆ヲ開ク
初代須原屋茂兵衛

○
二代茂兵衛

慈厳
三代茂兵衛

恪斎恭
享保十六年十一月生、天明二年八月十三日没、五十二歳
字仲温、栖原垣内氏ヨリ入ル
四代茂兵衛

男（夭折）

女

顕清祐武（諡常念）
恪斎ノ本宗垣内氏習説（恪斎ノ従兄弟）ノ五男安永六年須原屋ニ入リ五代茂兵衛トナル
寛政十一年十月九日紀州ニテ没、四十四歳

顕光（諡浄厳）
六代茂兵衛
享和三年五月廿九日江戸ニテ没、廿二歳

男（夭折）

女（夭折）

女

女

女

女

久保氏女

北畠治右衛門吉祐

北畠治右衛門政信（良順）
日本橋薬種商
享和二年正月廿六日没

川名氏

政次

茂広（諡浄暁）
幼名次松
七代茂兵衛
天保九年二月七日紀州ニテ没、六十三歳

尾沢氏

妻木氏

有親（諡浄善）
栖原池永久敬（恪斎ノ甥）ノ男
幼名幾松、字君久、通称安之助、号蓼洲
八代茂兵衛
万延元年九月三日江戸ニテ没、五十五歳

充親

男（夭折）

女（夭折）

る。北畠氏は真宗大谷派の檀徒で、真言宗御室派に属する施無畏寺は菩提寺ではないが、栖原地区の名家は、施無畏寺に塋域を設けるのがならわしであったという。

寺は、眼下に紀伊水道を望む絶景の高台にあった。寺の境内からさらに上へ、急な登り斜面にわずかな平坦地をみつけては墓が営まれ林立していた。斜面中腹のやや広い一角に、栖原の名家垣内《かいと》一族のと並んで北畠氏の塋域があった。なかでも「恪斎《らくさい》北圃（畠）氏之墓」や「浄暁北圃氏之墓」には正面を除く三方に、びっしりと碑文が彫られていた。

四代茂兵衛恪斎の碑文は渋井《しぶい》太室《たいしつ》（佐倉藩儒）の撰であった。すでに系図にも示したが、天明二年（一七八二）八月、五十二歳で没した。かれは垣内《かいと》泰林なる者の子であった。『湯浅町誌』によると、垣内氏は肥後菊池氏の子孫という。南朝に味方した菊池氏は、室町時代には諸国流寓の身となり、大永年間（一五二〇年代）細川氏に身を寄せ、河内の垣内の支配をまかされたりしたが、結局、天文年間（一五三〇年代）に、この紀州栖原の地に定住帰農し、垣内氏を称した。北畠氏はその家来で、ともに河内垣内から栖原に移った者であった。

垣内氏は、江戸時代にはいって代々太郎兵衛を称した。漁業に乗り出し、東海の各地に漁場を得、享保四年（一七一九）には江戸茅場町に干鰯《ほしか》問屋を開いた。その間、四代太郎兵衛重胤の次男親泰は湯浅に分家した。この親泰の子が四代茂兵衛恪斎《らくさい》の父泰林であった。

垣内一族には好学の者が多く、とくに京都の堀河塾（古義堂、伊藤仁斎・東涯の学塾）に遊学するのが例であった。恪斎もまた、東涯の弟蘭嵎《らんぐう》（紀伊藩儒）について学んだ。恪斎は四代須原屋茂兵衛となって江戸にでてから渋井太室にも学んだのであった。

垣内一族の墓誌銘も、高名の儒者の撰になるものが多く、成島錦江《なるしまきんこう》（徳川吉宗侍講）、伊東涯・蘭嵎、亀田鵬斎《ほうさい》、皆川淇園《みながわきえん》、朝川善庵らの名前が見える。こうした点からみると、江戸の学界・詩文壇は垣内氏のような豪商と密接なむすびつきがあったことがわかるであろう。八代目須原屋茂兵衛有親とともに慊堂をおとずれた菊池渓琴は、本名垣内保定、九代太郎兵衛の甥であった。祖先の菊池姓を名のったのである。

なお、この紀州栖原からは、ほかに栖原屋北村角兵衛家があらわれている。角兵衛家は蝦夷地漁業の開拓と経営に活躍して著名である。わずか、百数十戸の小村栖原の有力民が、それぞれ江戸店をもって、東海・関東・北海道にわたって活躍した有様は、まことに壮観である。須原屋の活動基盤には、こうした郷党があったのである。

以上の資料をもって考えるに、寛延期江戸南組反逆の中心人物は、三代茂兵衛慈厳であろう。宝暦ころからの須原屋の目ざましい発展は栖原垣内氏から養子に入って四代茂兵衛となった恪斎恭の努力によるものであろう。渋井太室撰の恪斎墓銘その他によると、恪斎は伊藤蘭嵎について学び詩を善くし文を修めた、「一年居レ紀一年居ニ江都一」の生活で、「得ニ播名四方一、居常節約、僮僕服ニ其教一、産益殖焉」という状況であった。紀州にあっては好んで熊野に遊び、渋井太室のすすめもあって、熊野の地誌を一本にまとめあげた。これすなわち『熊野遊記』になる本で鈴木芙蓉《ふよう》の画本を付して、寛政十三年（享和元〔一八〇一〕）六代茂兵衛顕光によって上梓された。かつて伊藤竹里（蘭嵎の兄）が江戸で没し、二遺児が人にだまされて困っているのを救い、自らこれを京都に送ったこともあった。また、恪斎は、京都出店勢力に抗しつつ、逆に京都に仕入店を設け、これを「柳馬場四条下ル所」においた。その積極的な経営拡大ぶりが注目される。寛政末の須原屋「蔵板書略目録」によれば、刊行書点数二百七十三をかぞえ、文字通り「江戸書林の魁《かい》」たる蓄積をみせている。

二　須原屋茂兵衛の盛運

須原屋の発展と動揺

七代茂兵衛浄暁墓銘によると、かれが須原屋をついだころ「家道稍弛《ややゆるむ》」となったとある。

須原屋の年度ごと書籍板行、売弘め点数の変遷をたどってみると、享和・文化初年のころはたしかに停滞している。年々十点以上も刊行していたのに、文化元年（一八〇四）は売弘め書二点、出版書三点のみという最低におちこんでいる。この低迷は文化六〜七年ごろまで続く。寛政末に主要なものだけでも二百七十三点の蔵板書をかかえ、また『武鑑』という特権的有力商品を握っていた須原屋がピンチに見舞われるとはいかなる理由からであろうか。

その理由として、まず次の二点を指摘しうる。一つは、五代目茂兵衛が寛政十一年（一七九九）に没し、つづいて六代茂兵衛がわずか二十二歳で享和三年（一八〇三）に没するという非運に見舞われ、しかも出版経営の不慣れな茂広が別家北畠氏から入るという家庭的変動がつづいたこと。二つには、文化三年三月四日、芝車町より起こった大火によって類焼したらしいこと。とくに文化三年の類焼で板木を失ったとすると、それは大きな痛手であったろう。

しかし、ここで思い合わされることは、同じく『武鑑』の板元として須原屋と並び称され、幕府書物方御用を勤める出雲寺家もこのころにピンチに陥り、『武鑑』出版すら休んでいるという状況にあったことである。これは偶然の一致であろうか。伝統ある代表的書肆二店の動揺の共通原因は何か。その原因として出版界内部の変化を考えてみなければならないであろう。これについてはつぎの三点を指摘したい。

一つは、出版経費の値上がりである。山崎美成《やまざきよししげ》の『海録《かいろく》』（文政四年）には「合巻並に読本絵草紙の画工、古は価百文にて一枚を画きしが北尾重政より二匁となりしなり、今は五百文位なり、文字の書入（筆耕）も一枚十文位也しが、今は中々左にてはあるまじ、彫刻料も一枚五百文也しが今は一貫一百文」とある。これは地本出版の工賃についていっているのだが、書林の扱う堅い学問書などについても値上がりが考えられる。

二つには、須原屋や出雲寺が永年蓄積してきた蔵板書が必ずしも安定した固定資本とはなっていないことである。須原屋は文化初年ごろには三百点以上の版権所有の書すなわち蔵板書をかかえていた。それなのに経営に停滞を生じたとするなら、それらの蔵板書の商品的価値の低下を考えざるを得ない。しかも須原屋は上方刊行書の取次販売にウエートをおき、京都仕入店まで設けていたのであるが、漸次、新刊書発行に中心を移しつつあった。この背景には、上方有力書商が近世初期から蓄積してきた蔵板書の資本価値の低落、上方出版界全体の停滞も考えられる。あるいは天明八年（一七八八）正月の京都大火は京都の有力出版業者たちに板木類焼の大打撃を与えたのかも知れない。須原屋の『武鑑』板元という特権確保に加えて、上方刊行書取次販売部門における圧倒的な独占は、かえってその商略に安易さをもたらすという面もあったにちがいない。出版界の変化ひいては文化の質的変化の中で、須原屋の経営の動揺となって表面化してきたともいえよう。

第三に、須原屋をおびやかしたのは、とくに地本問屋にみられる積極的なベストセラー作りのテクニックの発揮であり、新興書商あるいは地方書商の台頭であろう。江戸書物屋の書籍売弘め、出版点数の年度ごとの推移を見ると、書物屋仲間の中で、寛政以降徐々に進出してくるのが、地本問屋仲間上層にあった蔦屋・西村屋与八らである。当時は、書物屋仲間行司の割印添章がなければ草双紙も読本も京坂への正式の売弘めはできない制度であった。割印添章賦与権をもって書物屋仲間上層部は仲間内の重板・類板を防止し、あるいは下層・新興書商の不正売弘めを抑圧して来たのであるが、逆に割印制度が新興書商の京坂売弘め＝販売拡張を保証することとなった。また、地本（浄瑠璃本、草紙類）にも一般学問・教養書にも積極的に手を出す文化以後の新興書商にも注意したい。角丸屋甚助・英平吉らである。また和泉屋庄次郎も登場した。かれらの急速な発展は目を見はらせるものがあった。新興書商の輩出する出版界にあって、特権と伝統に依存しつつあった須原屋は、いかなる形においてか経営体制の再編が必要となって来たのである。出雲寺は、一時出版から手を引き、書物奉行の御用達ばかり勤める、という安全圏へと逃避した。

須原屋中興

七代目須原屋茂兵衛茂広に課せられた課題は須原屋中興であった。先にも述べたごとく、彼は北畠分家筋の治右衛門吉祐の子であった。須原屋をついだのは文化初年ごろであったろうか。二十七、八歳である。慊堂撰墓誌によれば、茂兵衛茂広は「店員をうまく督励し、十余年間、初代茂兵衛宗元、四代茂兵衛恭の事蹟にならうべく努力した。かくて本拠たる紀州栖原の北畠家をもり立てて、原田を拡張し、浦に新船を浮かべ、江戸日本橋の千鐘房には奇書良書とりまぜて、まるで壁の如く積みあげ、家運を隆盛にみちびいた」とある。晩年はもっぱら囲棋挿花をたのしみ、悠々として「和風美日持レ竿坐二海涯一《わふうびじつにはかんをもちてかいがいにざす》」の生活であった。ここからは、須原屋中興の手段は何であったのか窺うことはできない。

江戸書物屋の個別経営に関する資料は全くとぼしいが、わずかに『慶元堂書記』（国立国会図書館蔵）なるものが残っている。これは文化五年（一八〇八）から幕末に至る浅草新寺町本立寺門前の和泉屋庄次郎家の経営記録である。この中に須原屋が文政五年（一八二二）ごろに『武鑑』刊行に関して奈良屋役所へ差出した文書の写がある。

私共では四冊物武鑑や略武鑑などの板行株をもって昔から渡世してきております。出雲寺方でも同様に武鑑を出し、二軒で売捌いて参りました。ところが出雲寺方の武鑑の板木が磨滅し、三十年程前（寛政初年ごろか）から刊行を中止しております。その後お上へは私共の武鑑だけを納めてきました。出雲寺武鑑の板行株は出雲寺内縁の久兵衛と申す者が譲り受け、さらに五年前に英平吉が久兵衛から買取り、それを私方へ譲受けました。今度、御用書物師出雲寺源七郎が新規に武鑑板行株取立を願い出たそうですが、これは板行株についての取きめの無視であり、難儀至極です。このようなことはお許しにならないで下さい。今後、私共では冥加としてお上へ毎月納めることになっている定式の御用武鑑は無代とします云々……。

この結末はどうなったか調査未了だが、須原屋は出雲寺不振に乗じて『武鑑』刊行独占をねらったことはたしかである。

須原屋経営の秘密

須原屋の経営をうかがわしめる第二の資料に、文化十四年（一八一七）の「江戸絵図株帳」なるものがある。これには江戸絵図板行持株の設定を行なうための調査結果が記録されているが、六十五点の江戸絵図登録株のうち二十六点の株を須原屋が所持している。もともと須原屋の出版物の中心五分四方の商品は『武鑑』と『江戸絵図』なのであったが、この株帳をみると四尺四寸江戸大絵図や一尺四方程度の小さな江戸切絵図などをとりまぜて、出雲寺・竹川藤兵衛・英平吉・西宮弥兵衛・奥村喜兵衛・美濃屋平七・吉文字屋次郎兵衛・鶴屋金助らから買取った板株が多い。これは、江戸絵図板行の独占をねらったことを意味している。

第三に、年代は天保・弘化期になるが、農学者・大蔵永常《おおくらながつね》の書簡の中に須原屋に関して見のがしえないものがある。永常は、文政九年（一八二六）刊行した『除蝗録《じょこうろく》』（くじらの油で稲の虫を駆除する方法を説いた本）の後篇を大坂河内屋記一兵衛方から発刊すべく準備をすすめるが、それについて記一兵衛宛の一連の書簡が残っている。この中の弘化二年五月二十二日付のものを見ると、永常は、農書の売弘めルートは諸国代官、江戸大名屋敷であること、大名屋敷への売込みには江戸須原屋茂兵衛の手を借りなければならないことをいっている。

第四に、いつからかは不明だが、須原屋は薬種商を兼業して経営の多角化を計っている。文政七年刊『江戸買物独案内』によると、日本橋通三丁目の須原屋平助が、京都富小路三条下ル町の須原屋平左衛門と提携して「産前産後順気散《じゅんきさん》」なる薬を売り「江戸幷《ナラビ》ニ諸国取次所数多《あまた》有レ之……其最寄ニ而御求め可レ被レ下候」としている。幕末・明治期には茂兵衛も大々的に薬種を扱っているので、天保ごろから薬種商を兼業しはじめたのであろうか。詳しくは不明である。ただし、先に紹介したように七代茂兵衛茂広の実家の義父北畠政信が日本橋で薬種商を営み、四、五代茂兵衛を出した垣内氏の江戸店河内屋孫左衛門も新和泉町の薬種問屋であるから、その関係が考えられる。

以上のごとき須原屋に関する断片資料を並べてみると、化政期以降の須原屋は、

(1) 武鑑・江戸絵図のごとき、出版免許を幕府から直接うける商品の独占強化を計っていること。

(2) 販売ルートとして大名屋敷や旗本代官とのつながりを確保していること。

(3) 薬種業を兼業していること。

以上三つの特徴を明らかに示してきている。(3)の特徴については、書籍売弘めと薬売弘めのルートが同質のもので補い合って須原屋発展と結びつくのだと思うが、薬種業部門について調査していないので、ここではふれることはできない。いまは(1)(2)を中心に考えてみよう。

この場合、幕府・大名への結びつきをもって、幕末に日本橋の名所の一つともなる書物屋須原屋の隆盛を理由づけることはできるだろうか。須原屋は元禄以来、『武鑑』や『江戸絵図』を中心的商品として扱ってきている。享保改革に際しては『官刻六諭衍義』『官刻六諭衍義大意』、寛政期には『孝義録』の刊行に加わるなど、もともと幕府に協力的な書商である。仮に書籍流通において領主的ルートと庶民的ルートを設定するならば、須原屋はもともと領

主的ルートに立脚していたのであり、化政期以降の(1)(2)のような経営上の特徴は、自らの伝統的特徴の再確認でしかないのである。したがって二つの特徴が須原屋の新たなる発展の条件として作用するためには出版界における新しい動きと結びつかなければならないはずである。この新しい動きとして書籍市場の質的変化を考えねばならないであろう。

書籍市場の変化に対応

書籍市場は、どのように変化しつつあったのであろうか。化政文化において指摘される特色は、都市では、中層以下の庶民大衆にいたるまで、文化の創造・享受に参加し始めたこと、同時に、文化の全国的な伝播の現象である。その点では、書籍市場を全国的視野においてとらえてみる必要もあろう。

そこで、奥州仙台に例をとって書物屋の動きを調べてみた。仙台では、元禄以前から書物屋が出現しているが、とくに享保の頃（一七一六〜三六）から活発な出版活動を行なうようになった。裳華房《しょうかぼう》伊勢屋半右衛門・流輝軒西村治右衛門・金華房柳川屋庄兵衛・池田屋源蔵などの活動がみられるが、なかでも伊勢屋半右衛門は、元禄から幕末にいたるまでに、百点以上の書物を出版している。つぎにあげるのは伊勢屋が刊行した書物のうち、ほかの書物屋と相板（共同出資と販売提携と二つの場合がある）で出した書物の一覧である。

仙台裳華房伊勢屋半右衛門刊相板本一覧

〈書名〉	〈刊年〉	〈提携書商〉	
(1) 大雑書永代暦	安永　五	仙　台	西村治右衛門
(2) 廿四孝集	天明　八 文政四再刻	〃	池田屋　源蔵
(3) 小　学	寛政　八	〃 〃	西村治右衛門 池田屋　源蔵
(4) 庭訓往来	寛政　十二	江戸 仙台	須原屋茂兵衛 本屋治右衛門

（ただし刊記中須原屋・本屋の名は後に入木したもの。）

(5) 塩松紀行	文化　六	江　戸	須原屋茂兵衛

（ただし、文化六年以後伊勢屋が板権を買ったもので須原屋の名ものちに刊記に入木したものらしい。）

(6) 理気鄙言	文化　六 天保二補刻	江　戸	須原屋茂兵衛
(7) 書状早指南	文化　十 天保三再刻	仙　台 〃	西村治右衛門 池田屋　源蔵

(8)	大学摘疏	文政　二序	京・江戸	名古屋の書林八名
(9)	松島図誌	文政　四	京	植村藤右衛門
			江戸	須原屋茂兵衛
			大坂	浅野　弥兵衛
(10)	載陽帖	天保　二	江戸	鶴屋喜右衛門
(11)	南屏燕語	天保　二	〃	〃
(12)	新鐫南部於曾礼山詣	天保　三	盛岡	木津屋藤兵衛
(13)	庭訓往来両仮名付絵抄	天保三再刻	江戸	西村屋　与八
(14)	救荒須知録	天保　四	江戸	鶴屋喜右衛門
			〃	西村屋　与八
(15)	陸奥郡郷考	天保　五	〃	鶴屋喜右衛門
			?	済　文　堂
(16)	南山外集	天保　六	江戸	和泉屋喜兵衛
(17)	醸経亭叢談	天保　七序	京都	勝村治右衛門
			江戸	須原屋茂兵衛
			ほか	大坂・名古屋書林
(18)	東海道中詩	天保　八	江戸	和泉屋庄次郎

(19)	三山詣文章	弘化元求板	山形	高田為次郎
			〃	北条忠兵衛
			仙台	西村治右衛門
(20)	孫子略解	嘉永五	仙台	西村治右衛門
(21)	庭訓往来	安政二	山形	北条忠兵衛
			江戸	須原屋茂兵衛
			〃	山崎屋清七

以上二十一点のうち、(4)『庭訓往来』(5)『塩松紀行』の刊記に須原屋茂兵衛の名が合刻されるのは刊記年より後、天保ごろと考えられる。(6)『理気鄙言』も天保二年の補刻に当たって須原屋と提携したのであろう。とすると、伊勢屋半右衛門の他店との提携は、文化ごろまでは池田屋源蔵や西村治右衛門のように地元仙台の書商に限られていたのが、文政以後三都書商との関係が密になってくるといえる。しかも天保年間に入って急に三都とくに江戸書商との提携が多くなる。また、三都書商との結びつきのみならず、出羽山形の高田為次郎・北条忠兵衛との相板が認められるのも注目される。

地方書商と提携する

須原屋茂兵衛をはじめとする江戸書物屋は、かつて寛政年間に、地方書商の出版物はじゃまでであるとして、三都書籍市場から締め出そうとしていた。しかし、いまや、地方書商との積極的な提携を求めているのである。いや、求めざるを得なくなったのである。このような傾向はつぎのようにありふれた事例によってもたしかめることができる。

『当流小謳《こうたひ》訓蒙《きんもう》図彙《ずい》』なる本が大坂の宋栄堂秋田屋田中太右衛門方から出版されたのは文化二年（一八〇五）であった。江戸売弘めは須原屋茂兵衛であった。天保十年七月、板木磨滅により再刻された。この再刻本の刊記にはつぎの六軒の書物屋名が刻まれている。

皇京（京都）勝村治右衛門　東都　須原屋茂兵衛　姫府（姫路）本荘輔二
筑前　万玉堂治助　土州（土佐）瀬戸才助　摂都（大坂）田中太右衛門

また、天保三年（一八三二）に大坂の敦賀屋九兵衛は尾崎雅嘉《まさよし》著『百人一首一夕話』を発刊した。売行き良く、翌天保四年秋、香川景樹《かがわかげき》の跋文を加えて増補板を発行した。これには発行書林として、

京都　勝村治右衛門　銭屋惣四郎　東都　須原屋茂兵衛　岡田屋嘉七　小林新兵衛　尾陽（名古屋）永楽屋東四郎　紀陽（和歌山）綛田屋半右衛門　帯屋伊兵衛　讃州　本屋茂兵衛　阿州　天満屋武兵衛　淡州　来島屋文蔵
土州　糸屋儀三郎　芸州　米屋兵助　浪華　敦賀屋九兵衛

とあって、天保期以降の書籍売弘めの全国的拡大を窺うことができる。

もう一例あげよう。『文宝古状揃雅文庫』なる寺子屋教科書の弘化二年（一八四五）板刊記には、

江戸　岡田屋嘉七・和泉屋市兵衛　高崎　沢本屋要蔵　佐原　正文堂利兵衛

の三か所四書物屋名があり、同書の安政七年（万延元・一八六〇）板を見ると右の書物屋のほかに新たに、

宇都宮　荒物屋伊右衛門　高崎　菊屋源兵衛　佐野　堀越常三郎　栃木　枡屋浅吉

が加えられ、同書慶応三年板になると、右の六か所八書物屋のほか、さらに会津・福島・水戸・府中・小諸・上田・松本・善光寺・越後水原の九か所の書林が名を連ねるのである。

以上によって見るに、天保以降の三都書物屋と地方書商との提携強化はまことに明瞭である。同時に地方書商が三都書物屋への従属的地位からぬけでて、地方文化発展のなかで、自律的活動力をもってきたともみられよう。このように地方書商との積極的提携を通じて、須原屋を筆頭とする三都書物屋の新たな発展がみられるとすれば、これと関連して商品内容の変化＝出版物の質的変化をも予想せざるを得ない。

幕末刊行物の特質

出版物の質的変化について、私は、第一につぎの二点を指摘したい。第一に、封建社会の動揺の激化のなかで、これにいかに対処するか、という問題に関連する著作物の大量出現である。第二に、一般庶民むけの寺子屋用教科書が書籍市場における中心的商品となってきたということである。

第一の封建的危機への対応書の激増は、まず、天保の大飢饉を背景に、飢饉対策書の大量刊行となってあらわれる。須原屋についていうならば、天保四年（一八三三）に阿部喜任『救歉挙要』（一名豊年教草）、高井蘭山『館食教草』、天保十年に中山忠通『耕作大益伝』、十三年に小野沢斎『養生辨』、同じころに鈴木朗『養生要論』などつぎつぎと出版している。ほかの書物屋からも、著者蔵板という形でも飢饉対策書は続々と出版された。当時これらは救荒書とよばれた。

天保三年　鎌倉石見『開廠賑粥法』、礫川老人『救荒一助』、飛驒白雲山人『竹実記』

天保四年　斎藤拙堂『救荒事宜』、館機『荒年充糧志』、建部清庵『備考草木附言』、遠藤義斎『広恵編像解』、伊藤圭介『救荒本草私考』、大蔵永常『綿甫要務』、半井半玄『忘飢草』、佐々木朴安『救荒略』、同『辟瘟方及救荒略合解』、凌雲居士『救荒須知録』、平亭銀鶏『日ごとの心得』、同『貯伝授家内の花』

天保五年　江戸木屑庵『食物故事南留別志』、大蔵永常『農家心得草』

天保七年　小野蕙畝『増補飲膳摘要』、福沢憲治『饑年要録』、高野長英『勧農備荒二物考』、同『避疫要法』、旦暮庵野巣『済急記聞』、大蔵永常『救荒必覧』、同『製油録』、遠藤義斎『救荒便覧』、長谷川猷『救荒新策』

天保八年　枕雲洞主人『救荒孫之杖』、伊藤圭介『救荒食物便覧』など。

天保の大飢饉と救荒書

これ以上、一つ一つあげても意味はないであろう。内容についても、いま、ふれている余裕はない。ともかく大量の救荒書（含養生書・農書）が刊行されたことがおわかりいただければよい。天明の大飢饉の時に救荒書の刊行がほとんどなかったこととくらべると、まさに隔世の感がある。そうした点では天明より十余年もさかのぼる明和八年（一七七一）、須原屋市兵衛が、奥州一の関の医師・建部清庵の救荒書『民間備荒録』を刊行したことは、市兵衛の仕事が、いかに先駆的意味をもっていたかが、改めて注目されるのである。

天保の大飢饉、餓死者続出、いやもっとひどい人間の肉までむさぼり食ったという噂が江戸にまで聞えてくる、そして百姓一揆・打ちこわしが続発するような状況の中で、はじめて須原屋市兵衛の仕事の一部が、うけつがれたのである。

天保八年正月、堺にあって天下の形勢を眺めていた広瀬旭荘《ひろせきよくそう》は、九州日田の兄淡窓《たんそう》にあてた書簡に、世の経世家たちは「救荒をもって任となし、乱世に非ずして名を揚ぐるは此時にしくはなしと申して、我一に新法奇策を創《はじ》め、百姓の疾苦《しつく》ヲ救」わんとしていると書いた。飢饉対策の私案をもって書物を著し、あるいは大名に、さらにあわよくば幕府に認められようとする経世家が活発に動いたのである。天保ともなると、商品流通の発展に即応し、また、流言的情報の活性化に刺激され、上級の知識人はもとより、一般読書層に至るまで時事への関心が、かつてなくもり上がっていた。

大蔵永常は先にあげた救荒農書のほか、『日用助食竈《かまど》の賑《にぎわ》ひ』を江戸西村屋与八方から刊行するが、これについて「爰《ここ》ニ又米価上直《うわね》ニ而当表小前《とうおもてこまえ》のもの困り入り候間、米のすくなくいるやう飯粥《めしかゆ》の焚様等書集め、小冊と致し此節ほりかゝり申候、書林より仲間入銀其外絵草紙やかし本やよりうらせ候はゝ、壱万位之本ハゝうれ可レ申候」といっている。救荒書は天保以降の特有のベストセラーだったのである。さらにここで注目したいのは救荒書の販売方法である。大蔵永常は『除蝗録後篇』を刊行するにあたって千五百枚の広告を大名屋敷に須原屋のつてをもって配布せんとしたが、このとき永常自ら起草した広告文には「先年《せんねん》大蔵永常先生東都《とうと》にありて凶年《きようねん》の時稲《ときいね》に蝗 付《いなむしつき》しを鯨油《くじらあぶら》 又は菜種《なたね》子油をもて速《すみやか》に去《と》る事《こと》を書《しよ》し題 除蝗《ぢよくわうろくと》録《だいしよ》 世に行《おこなは》れしを公料《こうれう》の村々一冊づゝ御買上となりあたへ給ひし事あり……」とあって、救荒書の流通ルートについて具体的に語っている。出羽の村山地方の某氏起草の『天保四癸巳荒鑑』によると天保四年に村山地方に流布した救荒書は館機『荒年充糧志』(館機は詩人柳湾としても村山地方豪農知識層にはひびいていた)、遊佐東庵『救荒略記』であり、代官役所からは幕領村々にあてて『救荒方書』が渡された。また、天保七年刊野巣編『済急紀聞』(序文小宮山楓軒)は、まず千部刷られて、全大名へ配布されたほか、野巣の俳諧の師にして、この書に跋文を書いた一具庵一具により全国門人知友へ送られている。一具の出身地出羽の村山地方にも早速送られて来た。さらに注目したいことは、天保四年、村山地方の医師が天領私領を越えて集会を持っていることである。この集会は領分を越えているとして差止めをくっているが、明らかに救荒のための研究会であり、救荒書の数々が研究会メンバーによって検討されたであろうことは想像に難くない。

天保の大飢饉は、救荒書を続出させ、領主的ルートを通じて、あるいは領主の奨励により救荒書の地方への大量流布をもたらした。天保の救荒政策を契機としてまず武士層にかつてない書籍需要が生ずる。渡辺崋山もいっている。奉行たる者はまず「実体にして、救荒の書物位は読得候而、其上慈悲深く……」、危機に対処するためには武士の再教育が必要である。「近世学問の儀、大抵訓詁詩文を精《くわしく》致候迄にて、所得《うるところ》を以て施行致候も無レ之候間、実行第一に心掛候様教導可レ有レ之」、しかも政策の「実行は第一の事に候得而は、施行も亦広からずして、御用立不レ申候」である。いまや「養才教化」が必要である。「人道の本元」にもとづいて「養才教化」をすすめるには「御学校」を重視しなければならない。

この場合、政策実行につながる社会情勢理解には刊本よりは出版統制の法網をくぐりやすい写本秘書の類が役に立つ。広瀬旭荘の弘化年間の書簡に「今度秘書追々入レ手候処、洋人墨夷（西洋人とアメリカ人）垂二饞涎《ざんえん》（よだれ）于我一非二一朝一夕之事一、廊廟壅蔽《ろうびようようへい》ニて（幕府がひたかくしにしているので）今年迄世上ニ不レ知也、何れ不レ遠土崩之勢と被レ察候、有用之学ヲ成して時機ニ応候事専一也」とあって、知識層における秘書への関心の高まりが知られる。嘉永三年（一八五〇）の吉田松陰の読書ノートや必読書目録を見ると、塩谷宕陰《しおのやとういん》『阿芙蓉彙聞』、小山杉渓《さんけい》『ペキザンス』（西洋砲術書）、大塩平八郎『洗心洞箚記《せんしんどうさつき》』、高野長英『夢物語』、『阿《あ》片隠憂録《へんいんゆうろく》』、渡辺崋山『慎機論《しんきろん》』、吉雄忠次郎訳『アンゲリア人性情志』などの禁書・秘書がその気になれば容易に入手できるほどの書籍流通が九州までおよんでいることが知られる。これらを通じて封建的危機の深化を背景とした書籍流通市場における商品内容の変化状況が見てとれるであろう。

寺子屋用教科書の刊行

第二に教科書需要の増大の問題である。すでにあげたように、再板『寛政武鑑』に付された須原屋「蔵板略目録」によると、寛政末ごろで、須原屋蔵板書は二百七十三点であった。略目録であるから蔵板実数はもっと多いのであろう。この膨大な蔵板をかかえてなおかつ経営の動揺をきたしたのである。やはり、このころまでの須原屋は出版経営に甘さがあったといわざるを得ない。ところが、文政期以降の目録を見ると、武鑑を筆頭商品として、林家改正本『校定音訓改点五経』、旭山先生著『華陽皮相』（馬についての絵入り解説本で、宣伝文には「武家・好事家・画家・物産家等其外益ある画本也」とある）、寒川・斎藤先生著『本朝弓馬要覧』、榊原香山先生著『本邦刀剣考』、同先生『中古甲冑製作辨』、山鹿先生著『教諭武家小学』など上級武家用図書をあげて、売込み目標をはっきりさせてくることがうかがえる。あるいは『江戸町鑑』『江戸安見絵図』『江戸名所絵図』『御家年中女用文章』の極上本、『いろは引増補早算手引集』、八隅景山翁著『利運談』（人々利運開運昇進出世の道を具体的事例をあげて述べたもの）、『日本地名便覧』など、武士あるいは上層町人層に売込み目標をつけた目録なども見られる。文政・天保ごろから、はっきりと販売商策を立ててきているといえる。さらに須原屋は寺子屋用教科書のみに限った目録を出すに至る。『諸家必用』『消息往来』『田舎往来』『農家大学』『江戸往来謹解』『商売往来講釈』『賜板六諭衍義』など記載の目録である。教科書はいかに有利な商品として登場してきたか、天保期以降の寺子屋の全国的急増傾向を考えるだけで理解しうるであろう。あるいは先に述べた『文宝古状揃雅文庫』が弘化以降急速にその流布圏を拡大していった様子でもうかがえることである。収奪と自然的災害による農村の危機、商品生産の発展にともなう農民の社会意識の向上、寺子屋就学人口の増加、これが庶民層における書籍の大量需要となってあらわれたのである。

七代目須原屋茂兵衛茂広は、出版販売を領主的ルートの上にはっきりと位置づけ、八代茂兵衛有親は書籍流通の国民的な広がりに即応した販売ルートを確保しようとしていた。

三　近代コミュニケーション形成の前提

文化運動としての出版

田沼時代は、上方出版業に対して江戸出版業が主体的な地位を確保した時代であった。江戸の出版業は田沼時代における、江戸をめぐる商業資本の発展、江戸住民の文化創造力の向上を背景として、画期的な発展を示した。画期的なという意味は、封建支配者の文化政策を分担したり、売れればよいというだけで自らの創造的見識をもりこむことの薄かった出版界で、出版が文化運動の一環としての意味をもつことを自覚しつつ経営を築く出版者があらわれてきたことである。須原屋市兵衛や蔦屋重三郎にそれが典型的にあらわれている。そうした傾向は須原屋茂兵衛・同新兵衛、あるいは地本問屋の西村屋与八、鶴屋喜右衛門などにも多かれ少なかれ体現されていた。単なる商品生産者ではない、未来を切り開く文化思想の創造をすすめ、作者をも育てあげるという主体的経営は、まさに、近代出版の先駆と考えてよいであろう。

言論・出版統制下に

寛政以後の出版界は、江戸を中心に展開することとなった。しかも江戸では、時事の問題を作品に色濃く反映させ、また、時事そのものを報道する読売業者の活動が活発となり、ジャーナリズム形成への動きも見られた。

しかし、寛政の出版取締り令の後、約二十年にわたる厳しい言論・出版統制の中で、江戸出版業の革新性は著しく後退せざるを得なくなった。元禄の新興書商が、元禄文化形成期の新しさを受け継ぐことができずに、退潮を見せたことのくり返しにも似た現象が、江戸の化政期出版の基底にあったのである。後期近世文化の最も華やかに展開した時期のように見える化政期は、出版業者における文化媒介者としての機能はかつてなく増大したのであるが、自らの社会的文化的機能の独自性を体現することの弱さを認めざるをえないのである。それは、本書では、ほとんどふれることができなかったが、幕府の出版取締りに便乗した、書物屋仲間内の規制の強化、地方書商への三都書商の圧迫にもあらわれていた。

読者層の拡大

天保期以降になると、事態はがらりと違ってくる。刊本の奥付に、三都書林に加えて一斉に地方書商が名を連ねるという現象がおきる。かつて江戸書商が上方下り本に対して江戸地本なる称をもって江戸出版業者としての自覚を示したが、天保期になると仙台の書商が「仙台地本問屋」の称を使用している。これは、仙台書商の地域における自らの文化的役割を自覚してきたことだといえまいか。地方城下町書商は藩校出入権、藩板・藩校板の支配権（印刷販売権）を得て営業基礎を強化すると同時に、三都書商とは必ずしも結びつかない、地方書商だけの共同出版をも開始する。仙台の伊勢屋半右衛門が山形や盛岡の書商と結んで出版活動を行なっているのはその一例である。これは封建文化における中央集権的な秩序の打破につながる傾向である。

封建的危機を背景に知識層や武士の書籍需要の増大の波にのって発展した須原屋茂兵衛は、地方城下町書商との提携を通じて、新たな全国的な書籍市場への展望をもつに至ったのである。

元禄時代の文化の発展は、農村の富商農にまで拡大した読者の増大にささえられていたことは、河内国のいくつかの例で示した。大坂を河口とする大和川を交通ルートとして、河内・大和にまたがる高密度の俳諧人口、読者の存在を考えた。実は私の調査では、これら元禄期の農村の読者たちは、どうなっていくのか、どう書籍受容力を高めていくのか、わかっていない。しかし、三田浄久の子久次は、元禄九年に「万覚帳《よろずおぼえちょう》」をつけはじめていて、その中に、つぎのような文があって考えさせられる。

学文ハいらざる物也　気つかれ　心迷ひ　諸事万端わるし　信々（ママ）ハ学文之砌《みぎり》つよきやうなれ共わるし　常之時々信々ハうわかわのやうなれ共　神慮ニかなうものにて御座候
母云ヲキニイワク　別ニ六敷《むつかしく》ハナシ　書物物之本　壱札ヲも見へからすと御申被成《おもうしなされ》候
俳諧　一商人たるべき者　仕間敷《つかまつるまじく》候也
　　一下手はいかい名をくだす
　　一上手は名たちてそんなり
　　一第一貧のもとい（以下略）

三田浄久の妻と息子は学問否定論者であった。かれらとて、書物を読むのは好きだったのである。こうもいっている。「書物の類内ニさへあれば見たい者也、又たとひ見ぬとても内にあれば心におもふ者なり」。定めて浄久の俳諧好きは家業にさしつかえるような、のめり込みの状態でもあったので、妻子は学問・書物・俳諧を目のかたきにしたのであろう。しかし、書物に対して全面否定の辞言がくり返し書かれているのはどうしたことであろう。結論から云えば、元禄時代の読者は、生活向上の資として書物を求めるということも、もちろんあったが、個人的な好みの対象として書物を読むという面が強かったのではないだろうか。慰みとしての読書が、一般的には先行していたのではないか。しかしこれは、いつの世でも、どこにでもある読書の基本性格である。

庶民にとっての読売出版

天保期以後、庶民に、読書の別の性格が認識せられてきたように思われる。天保の大飢饉のさなか、百姓一揆・打ちこわしの流言的情報がとびかうなかで、寺子屋が急激に増加するという現象があった。町人・百姓でも読み書きがどうしても必要だという認識が、危機の中でふくれ上がってくるのである。読み書き能力なくしては、領主が一方的に掲示する高札も読めない、取引きの書類も読めない、百姓一揆や打ちこわしの参加よびかけの「回状《かいじょう》」がまわってきても読めない。証文が読めないばかりに、娘を売りとばされ、高利貸の金を借りて土地を取り上げられる。こうした文盲につきまとう悲しい事件は身の周りにいくらでもあったし、天保の生活危機の中では、もっと多くなったであろう。出稼ぎにいって、家族に手紙を書けなくては困るのである。

一揆の襲撃のまとになる地主層は、いっそう深刻に、自らのおかれている社会状況を認識する必要があった。かれらは、共同体としての村が崩壊する危機感の中で、村民を儒学あるいは国学の考え方で教化していかねばならない。救荒書をよみ、農業技術書を読んで、地域の農業を指導することも必要になる。このころの俳諧グループも、もはや単に俳諧を楽しむだけでない。一つの情報ルートとしての意味をもってくるであろう。地方民は独自のコミュニケーション機構を育て、政治・社会に関する独自の考えを、静かにではあるが、急速にもつようになってくる。こうした状況下では、読書や学問が元禄時代とは異なる機能をもってくるであろうことは想像できよう。

いわば庶民における生活向上ないしは防衛のたたかいの一環として、読書・学問への欲求がでてきたのである。庶民の情報に対する欲求も高まってきていた。庶民の情報伝播といえば、読売の出版をも考えねばならないであろう。本書では、読売の出版についてほとんどふれることはできなかった。私には、まだ読売の出版のからくりが、全くといっていいほど、つかめていないからである。

情報関心の増大

貞享の出版取締り以来、読売は幕府から目のかたきにされてきた。田沼時代には、あまり取締りも発令されていないが、寛政以後になると、幕府の時事報道への警戒が異常に強くなったので、読売も大きな抑圧をうけた。文化年間の初めには火事の読売さえ禁ぜられるほどであり、同じころの、ロシアの北海道方面での乱妨に関しては、噂をしただけでも捕えられた。この時期の北辺の騒動は、出版による時事報道が全くない時代でありながら、全国に幕府のろうばいぶりが伝えられた。山形県西村山郡河北町に残る『前小路村契約帳』という村契約の寄合の記録簿には、ロシア船の来寇で「日本国中諸大名御さわぎ、所々村々におゐても大さわぎ」と書いている。契約とは、東北特有の村ぐるみの講組織である。前小路村では二月と十月、年二回の村寄合をひらいて、田沼時代から寄合の記録をつけ、年々村にはいってきた重要情報を書いてきている。これをみると、江戸時代の農民の情報関心のあり方とその変化をうかがうことができる。読売が禁ぜられていても、農民がつかんだ情報の広さは驚くべきものがあるが『前小路村契約帳』のロシア来寇で日本国中大さわぎの記事の終わりに、「江戸において落書　静ひつにやぶれかかって雨ぐもの日永く立まい天下したかな」と記している。こうした地方民にいたるまでの国民の情報関心の増大が、近世日本のコミュニケーションの発展をささえていたともいえよう。だからこそ、幕府は、読売の出版の禁止に狂奔したのであった。こうした情報関心のある所、読売が解禁にでもなれば、あっという間に、近代新聞への道を開いてしまうであろう。天保期の先進的思考を身につけつつあった渡辺崋山は、西欧文明の発展の根本原因を、科学的学問の発展におき、学問の発展は、まず情報の解放にある、新聞の発達にあると見ていた。

庶民の情報流通に対する取締りは、必然的に流言情報の伝播を活性化するであろう。流言情報が社会不安を深めるのは当然である。さすがの幕府も、文政年間にはいると、大火や地震など災害事件にかぎって読売発行を黙認するようになる。天保弘化の時期は、読売の発展期であり、ペリー来航、安政の大地震はさらに読売を発達させることになる。

読売発行の機構は、これから研究されねばならない分野である。しかし、ここでは、読売発行を幕府をして黙認させたものは、庶民の情報関心の増大であることを注目してほしいのである。

さらに庶民の情報関心の増大、寺子屋の増加、教科書の商品価値の増大、地方書商の発達、国民的規模での書籍市場の形成、幕末における社会的コミュニケーションの新動向が、関連し合い補い合って明治維新の、ひいては近代文化発展のコミュニケーション史的前提となるであろう。

江戸出版業者の終焉

江戸の書物屋たちは、こうした書籍流通における国民的市場成立の中心に位置した。なかでも、須原屋茂兵衛は、天保期以降の出版の新展開の時流にのって発展した。明治新政府も、その宣伝活動に須原屋を起用せざるを得なかった。九代茂兵衛充親《みちちか》は、慶応四年（明治元年）二月二十三日から京都書林仲間の筆頭村上勘兵衛とともに官板『太政官日誌』の印刷販売業務を請負う。明治四年十月には『万国新聞』を創刊し、明治六年には山中市兵衛（芝神明前、和泉屋市兵衛）・村上勘兵衛とともに太陽暦暦本の出版権を与えられた。

しかし、なお、江戸の書物屋たちは、自らの中に目ざめ切れぬものをもっていた。それは、明治の中ごろまでに、ほとんどが書物出版業者としては没落し去るという現象となってあらわれる。明治二十年、五十三歳にして越後から上京して出版業をはじめた大橋佐平、その子新太郎の博文館を代表とする、明治新興出版業者によって、出版界は席捲されてしまうのである。

近代出版の前提となる書籍の国民的市場を形成してきた江戸出版業者が、自ら形成したものの中で、生きえなかった。まさに悲劇である。もはや江戸時代に集積してきた固定資本としての蔵板書、あるいは板木は急速にその価値を失っていく。須原屋の近世後半の発展も、市場の広がりに便乗することはできても、やはり、須原屋市兵衛や蔦屋重三郎の創造的出版、文化運動の推進者としての役割をうけ継ぎ得ていなかったのだ。あるいは、近代に道を開き、自己を改造していくだけのエトスを近世出版界は持ち得ていなかったのである。

明治近代化の波

江戸時代以来の書物屋が、明治に入って、自己改造を怠っている間に、出版における近代化の波が急激に高まっていった。

福沢諭吉は、慶応二年（一八六六）の『西洋事情』初編で欧米の新聞紙について説明している。龍動《ロンドン》では、蒸気機関で一時間に一万五千枚も刷る。製本が終わると、蒸気車・蒸気船の急便で各地へ送り出す。その報道の早いことは、「龍動の議事院に終夜大議論ありて、暁第四時《七時》に終りしとき、即時に議事の次第を記し出版して国中に布告し、同日第十二時《九時》には百里外のブリストルに達せしことあり」と説いている。しかも新聞紙は世論をうけて政府の決定といえどもこれをくつがえす力をもっているとしている。ここには欧米近代の言論の自由とその民主的機能が、活字メディアによって現実のものとなっている状況への感歎があふれている。すでに天保期に、渡辺崋山が、情報の解放、新聞の盛行が西欧文化発展の基礎となっていると観察したのが、改めて福沢によって追認されたのである。

木版から活版へ

明治四年十二月の『学問のすゝめ』初編の跋文に「慶応義塾の活字版を以てこれを摺り」世に広めようとするものであるとあるのは、福沢の活字メディア開拓の意欲のあらわれであった。福沢の『学問のすゝめ』は、かれの期待をはるかにこえて大変な売れ行きであった。その初編は明治五年二月に、清朝体の活字で『学問のすゝめ　全』として刊行された。六月には木版によって再刻された。あまりにも売れ行きがよかったので、六年四月には初編と銘うって三刻が木版本ででた。同年十一月に二編が木版で、十二月には三編が、これも木版で刊行された。六編・七編は七年二月、三月に、活版で刊行されたが追って木版本も刊行されている。つまり福沢は、活字本で出したいのだが、売れ行きがよく木版本でその需要に応えざるをえなかったのである。その後九年の十六編までは十一編を除いていずれも木版で刊行された。九年十一月の十七編は、これまでの活字とは異なる新しい活字で刷られた（『福沢諭吉全集』第三巻・後記)。

このような『学問のすゝめ』の刊行状況をみると、明治九年までの活版印刷技術は、まだ大量生産に耐ええない未熟なものであり、木版の方の生産性が高かったことがわかる。『学問のすゝめ』はいかに売れたか。明治十三年七月刊『合本学問之勧』(活版)の序文に福沢は、「発兌の全数、今日に至るまで凡七十万冊にして、其中初編は二十万冊に下らず。之に加るに前年は版権の法厳ならずして偽版の流行盛なりしことなれば、其数も亦十数万なるべし。」と書いている。ここにあげられた部数は真実かどうかは不明だが、ともかく大変なベストセラーであったことは確かである。

『学問のすゝめ』以上に売れたといわれる中村敬宇の『西国立志編』は、明治四年七月、静岡で木版で刊行され、摺師・製本師など百人余も動員され生産に当たったが需要に追いつけなかったという。当時、福沢や中村にも考えられなかった厖大な読者層が形成されていたのである。国民の巨大な書籍需要が印刷技術を凌駕していた。

活字新聞の登場

近代活字の開発は、周知の如く、長崎通詞出身の本木昌造の努力によるものである。嘉永年中のことであった。同志と協力して改良を重ね、明治三年には横浜・大阪で鋳造活字の販売に当たった。明治三年十二月創刊の本邦最初の日刊紙『横浜毎日新聞』には、本木の弟子陽其二《ようそのじ》が発行実務に当たり、本木の活字を使用した。この新聞の販売取次所は、東京・大阪・兵庫・長崎におかれ、販路の全国的拡張を目ざしていた。

慶応年間以来、いろいろの新聞が刊行された。明治元年当時、江戸では十四種類の木版新聞がでている。なかでも柳川春三《やながわしゅんさん》の『中外新聞』は千五百部も売った。『東京日日新聞』は、明治五年二月創刊されたが、第一号は木版で刷られ、二号から鉛活字、木活字併用で刷られた。同年の『郵便報知新聞』も木版で出発した。明治九、十年のころ最高部数を誇った『読売新聞』は、明治七年の創刊当時は三百部、二、三か月後には千部となり、九年には平均一万五千部を売っている（西田長寿『明治時代の新聞と雑誌』）。

活版の新聞が、ようやく本格的ジャーナリズムとして軌道にのるのは、明治九年以降であった。この年、大蔵省活版局が印刷に蒸気機関を導入し、築地活版所の平野富二は、活字のほか印刷機械の製造販売に着手し、また旧幕臣佐久間貞一が秀英社を創立するなど、印刷史上の画期であったといえよう。慶応義塾でも、新しい活字を購入し、生産体制を整えている。このころから、新聞や書物の印刷は木版から活字へと急速に移っていったのである。

明治十年の西南の役は、時事ニュースへの関心を高め、『読売新聞』は二万五千部に達した。同時に、このころから、地方新聞がつぎつぎとでてくる。これまで、中央からの情報によっていた地方知識層が、地域に立脚して情報の収集・処理、そして出版の活動をはじめるのである。地方新聞の活況は、十年代の自由民権運動の交通基盤であった。

こうした近代ジャーナリズム形成の急テンポの展開に、江戸以来の書物屋たちは完全に立ち遅れてしまった。先にもいったように、明治二十年代には、江戸の本屋たちは、営業を放棄せざるを得なくなる。もはや、かれらの終末に涙する人とてなく、知らぬ間に消え、そして江戸の本屋たちは忘れ去られたのである。

〈了〉

参考・引用文献

本書は、全体を新しく書きおろしたものであるが、主要な部分は、これまで、いろいろな雑誌論文のかたちで、個々の問題を論ずる機会が与えられたことによって、成り立ったものである。発表する機会を与えてくださった、これら刊行物の出版社・編集者の方がたに、ここで更めて感謝の気持を表明したい。

以下に、本書に関連する筆者執筆の論文を、発表年次順にあげておく。研究上の参考文献は、これらの諸論文、とくに4、「江戸の出版資本」によって参照ねがえればと思う。

1、「元禄享保期における出版資本の形成とその歴史的意義について」
『ヒストリア』19号・大阪歴史学会・昭和三十二年八月

2、「江戸出版業の展開とその特質」
『出版研究』No.3・日本出版学会・昭和四十七年十月

3、「寛政期のコミュニケーション統制について」
東京都立上野高等学校『紀要』第一集・昭和四十八年三月

4、「江戸の出版資本」
『江戸町人の研究』第三巻・西山松之助編・吉川弘文館・昭和四十九年一月

5、「元禄文化のコミュニケーション」
『江戸三百年』①・西山松之助・芳賀登編・講談社現代新書・昭和五十年十一月

6、「『解体新書』の板元・市兵衛のこと」
『歴史地理教育』No.247・歴史教育者協議会・昭和五十一年二月

7、「独創の人蔦屋重三郎考」
『江戸っ子』8・9・10号・東京文庫・昭和五十一年三〜七月

8、「板木よさようなら、活字よ今日は」
『国文学』21巻10号・学燈社・昭和五十一年八月

9、「出版文化の成立」
『近世の文学』(上)・尾形仂・松田修他編・有斐閣・昭和五十一年十一月

10、「蔦重と歌麿」
『歌麿』(別冊太陽愛蔵版)・平凡社・昭和五十二年五月

あとがき

　江戸時代の本屋のおもだった人々を追跡し、その輪郭を明らかにするのは容易なことではない。かれら本屋の生没年を明らかにするのは菩提寺をさがして過去帖を見せてもらうこと、墓の誌銘をみることなどが必要であった。手紙が残っているわけではないし、まして日記も見当たらない。まことに本屋は庶民の中の一人ひとりなのである。しかし、ほかの一般商人とちがって、生産物としての書物には自分の名前をいれる。この書物の奥付《おくづけ》が、かれらの存在証明であった。

　他店の板木を購入して、刊行年月をかえずに、元の蔵板主の名前を削って自分の名前をいれるということは、ざらに行なわれていたので、刊行年月と名前とをみて、この書物屋は元禄時代に活動していたとか、化政期だとか、必ずしも断定はできないが。

　ある書物屋の刊行物を年代順に並べて、その書物屋はどのような特色をもった店かを考える。こうした作業を何回くり返したことか。あるいは、『享保以後大阪出版書籍目録』や『享保以後江戸出版書目』をくり返しめくって、書物屋たちの出版動向をさぐる作業をやる。古書展にいっても、まず見るのは奥付、図書館にいっても木版本はまず奥付という具合であった。江戸時代のおびただしい随筆、あるいは文人の日記の中から書物屋の名前や逸話を拾う、いやまことに零細な資料の寄せ集めで書物屋の個性をつかもうとする作業であった。

やがて自分なりの、近世出版業の推移についての筋が見えてき、そして、まとめえたのが本書である。もちろん、自分だけの力で筋が見えてきたわけではない。中村幸彦氏（関西大学教授）、浜田啓介氏（京都大学教授）、前田愛氏（立教大学教授）など国文学研究の第一線の先生たちの、近世出版に関する諸論文が、暗夜の明かりのように照らして下さったから見えてきたのである。また蒔田稲城氏の『京阪書籍商史』や川瀬一馬氏の『増補古活字版之研究』、井上和雄氏の『慶長以来書賈集覧』などから教えられたことは、言葉には尽せないほど大きいものがある。私のこの江戸時代の書物屋の研究は、これらの諸先生・諸先輩から見ると、まことに勝手で乱暴きわまりない推論と、事実誤認の点が多いことであろう。切にご教示をお願いしたいと思う。

また、考察の不十分な所も多い。享保以後の大坂書商や京都書商の動向を、江戸よりははるかに豊富な京坂の資料によって考察せねばならないのに、すっぽりと欠落してしまっている点は大いに恥じている。また、江戸にしても須原屋茂兵衛家のご子孫をお尋ねすることもおこたってしまっている。資料の探索においてもこれからやるべきことが多いのである。この点では、全国各地の江戸時代書物屋のご子孫のご協力をお願いしなければならないのである。

本研究の各部分は、西山松之助先生（成城大学教授）をはじめ、江戸町人研究会の皆さまの前で発表し、助言をいただいて稿の成ったものである。厚く御礼を申し上げる。また、いつもはげましをいただいている芳賀幸四郎先生（大東文化大学教授）、津田秀夫先生（東京教育大学教授）にも御礼を申し上げたい。

なお、本書刊行のきっかけは、NHK教育テレビ「蔦屋と須原屋――江戸のベストセラーメーカー――」（『経営新時代・ふるさと産業史』・昭和四十八年）や「板元蔦屋の世界――浮世絵と黄表紙」（『市民大学講座・江戸』・昭和五十年）に出演し、本書の主題を話したことに始まる。放送の際にお世話になった市川昌・御園生勝・松尾伸の諸氏に御礼を申し上げたい。

NHKブックス編集部の道川文夫氏には、西山先生（当時は東京教育大学教授）・小木新造先生（桐朋学園大学教授）が引き合わせてくださった。本書の執筆にあたって、道川氏の叱咤激励がなければ完成しなかった。同氏に御礼を申しのべたい。

昭和五十二年九月

今田洋三

解説——出版史研究の火付け役にして今なお読まれるべき面白い「古典」

鈴木俊幸

私の手許にある『江戸の本屋さん——近世文化史の側面』は、大学二年の時、出版直後に大学生協で買い求めたものである。あちこちに引かれている傍線には当時の了見違い甚だしい読み方が歴然で、とても他人様には見せられない。しかし、もしこの本をあの時読まなければ、卒論を蔦屋重三郎で書くこともなかったであろうし、以後調子に乗って近世日本の書籍文化研究をもっぱらとすることはなかったかもしれない。当時手軽な体裁で近世出版史を説く書籍はなかった(じつは今もない)。この書籍は衝撃的であったのである。

書籍を歴史資料として活用した研究、特定個人や集団、また地域における文化的営為を書籍との関わりに着目して解明しようとする研究が、日本史学をはじめさまざまな研究領域で近年盛んである。『江戸の本屋さん』は、もちろん一般向けのものであるのだが、現在のこの研究動向の火付け役といって差し支えなかろう。私一人ではなく、この分野における現在の多くの研究者の出発点に本書の影はちらちら見え隠れしている。

雑誌『文学』が「出版」をテーマに二号にわたる特集を企画したのは、本書が出版された四年後であった（四九巻一一・一二号、一九八一年一一・一二月）。巻頭、今田を囲んで、宗政五十緒・中野三敏・尾形仂の四氏で「〈座談会〉近世の出版」が行われているのに照らしても、この特集は本書が投じた一石の力によるものであったと思われる。通史を論じられる人間を背骨に得て、各論が花開いた体である。今田の仕事、この特集が各論の進化に与ったことは論をまたない。

そのような「古典」ともいうべき本書の復刊は慶賀に堪えない。いまだ「研究書」としての価値を減じていないところも数多い。たとえば、第二章「元禄文化と出版」は、河内の杉山家や三田家、日下村の森家など、大坂周辺の上層民の蔵書や文化活動に焦点を当て、書籍受容者の側から、時代の変化をとらえる手口は今に通用する。第三章「田沼時代の出版革新」は、「江戸出版業の展開とその特質」（『出版研究』三、一九七二年一〇月）や「江戸の出版資本」（『江戸町人の研究 三』、吉川弘文館、一九七四年一月）といった研究に基づく。今田の論をより深く理解したい向きは併せ読むべきであろう。近世中期における書物問屋仲間の動向、具体的には新興の「南組」の台頭に注目して、江戸の書籍業の飛躍の季節をとらえ、大きく変化していく時代相を論じたところは読み応えがある。第五章「幕末の出版」では、江戸を代表する書物問屋須原屋茂兵衛について詳しく論じている。今田が先鞭を付けたといって過言ではない須原屋茂兵衛研究は、後進の研究者によって発展的に継承されていく部分もあるが、精力的な調査に基づくこの論は、いまだに色あせない魅力を保持している。

ただ、今から二〇年以上前、今田四四歳の時の著作であり、研究蓄積も少なく方法論や資料も十分には備わっていない中での草分け的な仕事である。考察の甘い部分や思い誤りも少なくない。他に類書のない便利な本であるゆえに、本書復刊によって、本書に備わる誤解が拡大していくことを若干恐れる。

そもそも今田は必ずしも出版史研究の専家というわけではなかった。今田のもっとも早期の論考に「元禄享保期における出版資本の形成とその歴史的意義について」(『ヒストリア』一九、一九五七年八月)があり、若くして出版史の研究を始めたことは確かであるが、彼の志すところは「日本コミュニケーション史」であり、本書は、その構想の中の一部である。本書出版と相前後して、「農民における情報と記録」(『地方史研究』一三一、一九七四年一〇月)、「幕末における農民と情報」(『地方文化の伝統と創造』、雄山閣出版、一九七六年五月)、「農民と情報」(『地方文化の日本史 七』、文一総合出版、一九七八年四月)、「最上川流域における情報収集の一側面」(『地方史研究』一八五、一九八三年一〇月)など、民間における「情報」のありようについての実証性に富む手堅い論考を発表している。「情報」をテーマとした日本史研究は一九八〇年代以後、一潮流を形成していくが、「江戸の災害情報」(『江戸町人の研究 五』、吉川弘文館、一九七八年一一月)という重厚な論考もあり、今田の一連の仕事は「情報」研究の先駆的な役割を果たしている。当然、「コミュニケーション統制」も今田の一つの切り口となる。早い時期のものに「寛政期のコミュニケーション統制について」(『東京都立上野高等学校紀要』一、一九七三年三月)があり、本書刊行を経て、『江戸の禁書』(吉川弘文館、一九八一年一二月)を上梓している。その後も関連する論考は少なくない。

本書でも「コミュニケーション統制」は大きなモチーフとなっている。第二章では、江戸における「言論統制」の厳しさを町触や具体的な事件を取り上げて説く。第三章でも蔦屋重三郎の筆禍が大きく扱われている。第四章は写本や草紙類にまで及ぶ統制の厳しさから叙述が始まる。体制の強圧的な姿勢と、それに対抗する本屋の活動や一般の文化活動という図式で、時代の進展を叙述していく。つまり、体制によって抑圧された中で民衆が生きていた時代として近世をとらえ、抑圧に抗する民衆の姿勢が時代の進展に与るという歴史観の下、両者のせめぎ合いを「コミュニケーション」に関わる「統制」と「抵抗」とによって見定めていこうという姿勢で本書は執筆されている。この時代観、歴史観は、今日必ずしも是とされるものではないであろうが、戦後歴史学の根幹となる理念に発するものであり、それはつい最近まで生き続けてきた。一九七〇年代に執筆された本書にしても、こういった枠組みの中で発想するしかなかったわけである。

本書では、本屋を「文化の担い手」として位置づけ、その役割をどれほど果たしえたかということで、その本屋の評価、ひいては時代・地域の評価を下している。本屋の出版活動に対する評価も、抑圧に対してどれだけ「先進的・創造的」な書籍を出版しえたかというところにかかってくることになる。飲み込みやすい理屈ではあるが、本屋は文化事業をしていたわけではない。本屋の評価を革新性や抵抗の姿勢に見定めようとする評価軸が妥当なものとは私には思えない。たとえば、化政期の出版状況は、統制が厳しく優れた出版活動を展開しえないような政治状況の下、出版量こそ増大したが「質的には停滞期」であるという評価が下される。この時代の「量の増大」にこそ、時代の動きと本屋の時代に果たした文化的役割の大きさとを認め、むしろ積極的に評価すべきなのではなかろうか。逆に大きく称揚しているのは禁書も扱った貸本屋である。「近世後期の庶民たちは、裏道コミュニケーションを通じて、封建的な上からのコミュニケーション秩序に対抗し、武士たちをもその中にひきずりこんでしまっていた」として、その役割を評価する。通常の幕府の「統制」がそこまで徹底的なものではなかったわけであり、ここから時代をとらえ直す必要があるように思われる。

第二章では、まず益軒本を数多く手掛けた柳枝軒茨木多左衛門が取り上げられる。今田は「元禄期の文化の新動向をよく見ぬき、啓蒙感覚を保持しながら出版を展開した書商」と評価する。いっぽう、新たに登場してきた読者に向けた商品を出版し続けた八文字屋八左衛門については「西鶴がかつて保持した、古典と対抗しながら文学的野心をもりこむという」精神、京都の初期の本屋にはあった「文運進展への参加意識」がないとして、その評価は低い。『好色一代男』の「革新性」が八文字屋本には備わらないことが大きな理由である。本屋の「感覚」「精神」「意識」を検証するのは容易なことではない。本書でもそれが成し遂げられているとは思えない。後世の都合良い臆断に終わってはいないであろうか。

第三章では、須原屋市兵衛と蔦屋重三郎とを大きく取り上げている。前者については「世界に目をむけた須原屋市兵衛」として一節を設け、その特色ある出版書、その出版書に関わった時代の寵児たちに注目する。それは『解体新書』であり、平秩東作や平賀源内である。しかし、ここでも、「革新性」の称揚にもっぱらなあまり、個々の出版物における須原屋市兵衛の関与がどのような質のものであったかという検証が不足しているきらいがあり、その評価はいささか危うい。蔦屋重三郎については、「近代出版の先駆者」、「江戸っ子」気質に「強烈な気魄」を持ち合わせた人物として、魅力的に「造形」している。「市民的批判派グループ」の旗手として彼を位置づけ、寛政改革風刺の黄表紙の出版については、「かれには、新しい諷刺的黄表紙の大成功によって、語りかけるべき読者、自分に期待してくれている読者がいた。そこから離れていくことは、江戸っ子蔦重としてはできなかった」とする。かっこいいのである。戯作や狂歌に興味をもっていた学生時代の私はいたく刺激された。しかし、本格的に研究していこうと思い立ったのは、本書の蔦重像が大いに疑問に思えたからであった。そして、彼の出版物一点一点を確認していくたびに、今田の蔦重観から遠ざかっていくことになった。手前味噌で恐縮だが、拙著『蔦屋重三郎』（若草書房、一九九八年一一月）をお読みいただければ幸いである。

あれこれと難癖をつけたが、本書が、この分野の「古典」として必読のものであることは動かない。本書は、以後の研究の礎石となり、時代認識を塗り替えるきっかけを作った画期的な書であったといってよかろう。本書が示した切り口は、日本近世という時代を、これまでとは違う角度からとらえるのに有効な手口として、以後、国文学や歴史学などさまざまな領域にわたる多くの研究者の方法の中に消化されていった。そして、それらの研究は、近世という時代についての新たな認識を迫るものとして着実に結実していっている。ここで私が書いた「難癖」も今田の仕事があったからこそ、乗り越えるべきところとして浮かび上がってきたものである。今田が蒔いた種はその後の研究としてあちこちで花開いていて、本書の至りえなかったところをカバーしつつあるのである。ぜひ、あれこれ読み合わせていただいて、本書の「先進性」「革新性」を確認していただきたい。

（すずき　としゆき／書籍文化史）

平凡社ライブラリー　685

江戸《えど》の本屋《ほんや》さん

近世文化史の側面

発行日…………2009年11月10日　初版第1刷
2025年4月1日　初版第2刷

著者……………今田洋三

発行者…………下中順平

発行所…………株式会社平凡社
〒101-0051　東京都千代田区神田神保町3-29
電話　(03)3230-6579［編集］
(03)3230-6573［営業］
振替　00180-0-29639

印刷・製本 ……中央精版印刷株式会社

DTP…………株式会社光進＋平凡社制作

装幀……………中垣信夫

ISBN978-4-582-76685-1
NDC分類番号210.5
B6変型判（16.0cm）　総ページ270

平凡社ホームページ　https://www.heibonsha.co.jp/

落丁・乱丁本のお取り替えは小社読者サービス係まで
直接お送りください（送料、小社負担）。

平凡社ライブラリー　既刊より

【日本史・文化史】

網野善彦……………………異形の王権
網野善彦……………………増補　無縁・公界・楽――日本中世の自由と平和
網野善彦……………………海の国の中世
網野善彦……………………里の国の中世――常陸・北下総の歴史世界
網野善彦……………………日本中世の百姓と職能民
網野善彦＋阿部謹也………対談　中世の再発見――市・贈与・宴会
田中貴子……………………外法と愛法の中世
笠松宏至……………………法と言葉の中世史
佐藤進一＋網野善彦＋笠松宏至……日本中世史を見直す
佐藤進一……………………足利義満――中世王権への挑戦
佐藤進一……………………増補　花押を読む
丹生谷哲一…………………増補　検非違使
瀬田勝哉……………………増補　洛中洛外の群像
塚本　学……………………生類をめぐる政治――元禄のフォークロア
原田信男……………………歴史のなかの米と肉――食物と天皇・差別

北山茂夫……大伴家持
高取正男……神道の成立
高取正男……日本的思考の原型——民俗学の視角
村山修一……日本陰陽道史話
飯倉照平 編……柳田国男・南方熊楠 往復書簡集 上・下
宮田 登……白のフォークロア——原初的思考
氏家幹人……江戸の少年
氏家幹人……悠悠自適 老侯・松浦静山の世界
横井 清……東山文化——その背景と基層
横井 清……的と胞衣——中世人の生と死
黒田日出男……増補 姿としぐさの中世史——絵図と絵巻の風景から
米倉迪夫……源頼朝像——沈黙の肖像画
今谷 明……京都・一五四七年——上杉本洛中洛外図の謎を解く
石井 進……鎌倉武士の実像——合戦と暮しのおきて
上横手雅敬……源義経——源平内乱と英雄の実像
林屋辰三郎……佐々木道誉——南北朝の内乱と〈ばさら〉の美
長谷川 昇……博徒と自由民権——名古屋事件始末記

村井康彦……………………利休とその一族
井出孫六……………………峠の廃道――秩父困民党紀行
宮本常一・山本周五郎ほか監修……日本残酷物語1　貧しき人々のむれ
宮本常一・山本周五郎ほか監修……日本残酷物語2　忘れられた土地
宮本常一・山本周五郎ほか監修……日本残酷物語3　鎖国の悲劇
宮本常一・山本周五郎ほか監修……日本残酷物語4　保障なき社会
宮本常一・山本周五郎ほか監修……日本残酷物語5　近代の暗黒
増川宏一……………………碁打ち・将棋指しの誕生
増川宏一……………………将棋の起源
❖……………………………風土記
中川　真……………………増補　平安京　音の宇宙――サウンドスケープへの旅
高木　侃……………………増補　三くだり半――江戸の離婚と女性たち
忠田敏男……………………参勤交代道中記――加賀藩史料を読む
安丸良夫……………………日本の近代化と民衆思想
石母田正……………………歴史と民族の発見――歴史学の課題と方法
伊波普猷……………………沖縄歴史物語――日本の縮図
伊波普猷……………………沖縄女性史